GRIEZMANN

MATT ET TOM OLDFIELD

LES SUPERSTARS
DU FOOT

GRIEZMANN

LE PETIT PRINCE,
DE MÂCON À MADRID

Traduction de l'anglais (Royaume-Uni)
par Miceal Beausang-O'Griafa

Albin Michel Jeunesse

Titre original :
ULTIMATE FOOTBALL HEROES: GRIEZMANN
(Première publication : John Blake Publishing, un label de Kings Road Publishing Limited, 2019)

22, rue Huyghens, 75014 Paris
www.albin-michel.fr

À tous mes lecteurs,
quel que soit leur âge.

LES SUPERSTARS DU FOOT

Matt Oldfield est un écrivain confirmé,
ainsi que le rédacteur en chef du site de critique littéraire
sur le thème du football Of Pitch & Page.
Tom Oldfield est un journaliste sportif indépendant,
et auteur de biographies de Cristiano Ronaldo,
Arsène Wenger et Rafael Nadal.

Illustration de couverture réalisée par Alain Siauve.

Chapitre 1

LA PLUS GRANDE DES FINALES

15 juillet 2018, stade Luzhniki, Moscou

Ils sont tendus, ils sont impatients, ils sont pleins d'espoir ! Les uns derrière les autres, les joueurs remontent le tunnel silencieux pour émerger dans un incroyable spectacle de sons et de couleurs. Oui, le moment de la finale de la Coupe du monde 2018 est enfin arrivé, France-Croatie !

Le capitaine français Hugo Lloris ouvre la marche, suivi par les défenseurs Raphaël Varane et Benjamin Pavard. C'est une équipe pleine de superstars, dont les trois joueurs vedettes sont :

Kylian Mbappé – la « nouvelle sensation », Paul Pogba, le footballeur le plus rapide de la planète et un puissant milieu de terrain capable d'exécuter la passe parfaite au bon moment, et le meilleur pour la fin, le talentueux numéro 7, Antoine Griezmann.

Grizou! Grizou! Grizou!

Antoine est déjà le préféré des fans et un héros national, mais s'il permet à la France de remporter sa seconde Coupe du monde, alors il deviendra l'une des plus grandes légendes footballistiques de son pays. Zinedine « Zizou » Zidane en 1998 et « Grizou » en 2018. Exactement vingt ans après la Coupe du monde remportée en France, les hommes de Didier Deschamps et leurs supporters sont déterminés à ramener un nouveau titre!

Jusqu'ici tout se passe comme prévu. Antoine a mené la France jusqu'en finale, avec à son actif trois buts et deux passes décisives. Quand son équipe a eu le plus besoin de lui, il ne l'a pas laissée tomber. Que ce soit en marquant lui-même ou en distribuant des ballons à ses équipiers, le pied gauche d'Antoine s'est montré décisif!

Une victoire de plus – c'est tout ce qu'il faut à la France pour brandir le trophée suprême. Antoine est déterminé à offrir cette joie à son pays. Il a perdu de grandes finales par le passé – la Ligue des champions 2016 avec l'Atlético Madrid, l'Euro 2016 avec la France –, mais cette fois, il s'agit de la plus importante des finales, celle de la Coupe du monde !

Et quel que soit le prix à payer pour remporter ce match, se dit-il, *je vais le gagner !*

Quand retentit l'hymne français, Antoine chante les paroles avec force et fierté. Bien qu'il ait quitté le pays à l'âge de treize ans pour rejoindre en Espagne la Real Sociedad, il se sent toujours français. Mâcon est son foyer et le sera toujours. Il y retourne le plus souvent possible pour rendre visite à sa famille et à ses amis. Tous l'encouragent ce soir, que ce soit dans le stade ou chez eux, devant la télé.

Les fans français sont moins nombreux que les supporters croates, mais lorsque le coup d'envoi est donné, ils font un maximum de bruit.

Allez, les Bleus ! Allez, les Bleus !

À la dix-septième minute, Raphaël passe à Antoine, qui se retourne rapidement et...

Faute !

Coup franc !

En se relevant, Antoine se réjouit déjà à l'idée de tirer ce coup de pied arrêté, sa spécialité. C'est une position parfaite pour l'une de ses passes précises ou l'une de ses frappes merveilleuses. Il était à l'origine du but de Raphaël Varane en quart de finale contre l'Uruguay (un pays qu'il admire), puis du but de Samuel Umtiti en demi-finale contre la Belgique. Va-t-il continuer sur sa lancée en finale de la Coupe du monde ?

Antoine prend une profonde inspiration et recule lentement, puis il attend le coup de sifflet de l'arbitre. Il enroule la balle, l'envoyant vers la surface des six mètres, et croise les doigts. Un de ses coéquipiers va-t-il réceptionner ce centre ? Raphaël court, mais il saute un peu tard pour l'atteindre. Au lieu de ça, c'est sur la tête du joueur croate, Mario Mandžukić (dit Super Mario), que la balle rebondit et part droit au fond des filets.

But contre son camp : 1-0.

Ouverture du score pour la France !

– Oui, oui, OUI ! rugit Antoine, en glissant à genoux sur l'herbe vers le poteau de corner.

Une nouvelle passe décisive à ajouter à sa collection. Ils sont en route vers la victoire...

Seulement la Croatie, comme la France, est une équipe qui n'abandonne jamais. Dix minutes plus tard, le score revient à 1-1 après un but de Perišić. Antoine va devoir assurer avec une nouvelle distribution de balle virtuose. Sur son corner, c'est Blaise Matuidi qui saute et rate la balle, mais elle touche Ivan Perišić au bras.

– Main ! réclament les joueurs français en se précipitant vers l'arbitre.

Après avoir vérifié avec la VAR, l'assistance vidéo à l'arbitrage, l'arbitre accorde le penalty !

Penalty!

Antoine place soigneusement la balle sur le point de penalty et prend son élan. Son penalty manqué lors de la finale de Ligue des champions 2016 est de l'histoire ancienne à présent. La France peut compter sur lui ; ça fait longtemps qu'il n'en rate plus aucun... C'est qu'Antoine a développé une technique personnelle pour les tirer. Seulement, il n'a jamais révélé son secret aux médias...

Mais Antoine doit-il viser le côté inférieur gauche ou inférieur droit, en lucarne, ou bien encore avec une panenka culottée, comme Zizou contre l'Italie en finale de la Coupe du monde 1998 ? Non. Le moment venu, Antoine joue la simplicité et, avec calme, prend le gardien à contrepied.

Buuuuuuuuuuuuuuuuuuuuuuuuuuuuuuuuuuuuuuuuuuuuuuuuuuuuuuuuuuuuut !!!

Il transforme le penalty avec une aisance technique impressionnante. Une passe décisive et, à présent, un but – c'est une finale de rêve pour Antoine. Il fête ça en exécutant sa célèbre danse *Fortnite* « Take the L » – les jambes écartées sautillant en mimant un L pour « loser » (perdant) sur son front. Ses équipiers sont trop sur la retenue pour se joindre à lui, mais plein de fans français l'imitent. « Grizou » est leur héros !

Au cours de cette finale à Moscou, la plus importante de toutes, Antoine joue avec une incroyable confiance en lui. À la moitié de la seconde mi-temps, il reçoit une passe de Kylian, jongle un peu dans la surface puis la glisse à Paul. Le tir du pied droit de Pogba est bloqué ? Qu'à cela ne tienne, il retente du gauche.

3-1!

– Oui, la Pioche ! s'exclame Antoine.

Est-ce un « game over » ? Au cas où la Croatie planifierait un retour incroyable, Kylian s'assure de la victoire avec une frappe longue portée démente, qui fuse sur le sol mouillé par la pluie, avant de filer dans le but. Aucune chance pour Subašić, le gardien croate !

4-1!

– Oui, Kyky ! hurle Antoine.

Quand le coup de sifflet final retentit, il lève les bras en l'air, triomphant. Sa déprime suite à la défaite de l'Euro 2016 s'est envolée, car la France a remporté la Coupe du monde 2018 !

Même au terme d'un tournoi épuisant, les joueurs ont assez d'énergie pour courir autour du terrain en se serrant dans les bras. Quel moment d'émotion incroyable ! Quel immense effort collectif ! Antoine essuie ses larmes avec son maillot, mais cette fois, ce sont des larmes de joie…

– On l'a fait ! dit-il à son meilleur ami Paul. Les Français peuvent être fiers de leur équipe !

Ils entendent les célébrations dans le stade russe et voient les scènes de liesse en France, à Paris. Les fans rassemblés sous la tour Eiffel, et sur les Champs-Élysées applaudissent, chantent et brandissent des drapeaux. Et tout cela grâce à eux.

Le trophée de meilleur joueur du tournoi est attribué au capitaine croate Luka Modrić, et Antoine est nommé homme du match. Ça s'assortit bien à sa médaille de vainqueur, et bientôt, il va soulever le plus grand de tous les trophées…

Hugo se tient au milieu de l'équipe française, avec le trophée de la Coupe du monde dans les mains.

– Prêts ? s'exclame-t-il. 3, 2, 1…

– Hourraaaaaa ! rugit tout le monde.

On est les champions, on est les champions, on est, on est, on est les champions !

Après un long parcours semé d'embûches, Antoine est arrivé au sommet, grâce à un mélange de talent et de détermination. Rien de plus beau pour un joueur attaché à son pays que de gagner la Coupe du monde ! Cette victoire fait d'Antoine l'un des plus grands joueurs de France, il est désormais une légende ! Il a réalisé son rêve, et à tous les clubs qui l'ont rejeté, prétextant qu'il était trop petit pour être une star, il souhaite adresser ce message :

– Regardez-moi, à présent !

Chapitre 2

FOU DE FOOT À MÂCON

Zinedine Zidane est né à Marseille, Thierry Henry vient de Paris et Youri Djorkaeff est originaire de Lyon.

Et Mâcon ? Quels célèbres footballeurs français ont grandi là-bas ? Dans les années 90, la réponse est : aucun.

Mâcon est une petite ville tranquille de l'est de la France, à une heure de voiture au nord de Lyon. Il y a peu d'événements à Mâcon, et encore moins de succès sportifs.

La ville a une équipe de rugby et une équipe de foot, mais ni l'une ni l'autre ne sont bien classées. Les Mâconnais préfèrent les sports nautiques comme l'aviron, la natation et les courses de vitesse en bateau. Antoine Griezmann va changer à jamais l'histoire sportive de sa ville. Dès le premier coup de pied qu'il donne dans un ballon, il tombe fou amoureux du football.

– BUT ! s'exclame Alain, son père, quand Antoine a trois ans et qu'il court et frappe la balle aussi fort que possible avec son petit pied gauche.

Le mini ballon de foot vole dans les airs, franchit la ligne médiane du terrain de basket, puis roule vers la base du filet à l'autre extrémité.

– BUT ! répète le jeune Antoine, applaudissant de ses minuscules mains. Encore ! Encore !

Maintenant qu'il a commencé, on ne peut plus l'arrêter. Antoine est plein d'énergie. Il cavale derrière la balle et la ramène à chaque fois pour pouvoir tirer à nouveau.

– Et si on s'arrêtait un peu pour manger ? demande Alain après un moment, sentant son ventre gargouiller. Maman va nous attendre, et tu dois avoir faim après tout ce sport ! Ne t'inquiète pas, on peut revenir jouer cet après-midi.

Antoine, entêté, secoue la tête :

– Encore ! Encore !

– Encore cinq tirs, d'accord ?

Enfant déjà, Antoine a le sens du but et cet instinct de finisseur !

Rapidement, Alain construit des buts en bois pour créer un terrain digne de ce nom pour son fils fou de foot. Quand Antoine les voit, son visage s'illumine. Il est impatient de pouvoir s'y entraîner. Désormais, il va moins courir après la balle et davantage se consacrer au tir au but !

– BUT ! BUT ! BUT !

En grandissant, Antoine joue aussi au basket sur ce terrain (il est fan de la NBA), mais le foot reste son sport de prédilection. Durant les week-ends, il passe des heures à jouer au ballon avec ses copains des Gautriats, le quartier où vit la famille Griezmann. Si par un malheureux hasard aucun de ses amis n'est disponible, Antoine arrive toujours à persuader un membre de sa famille de jouer le rôle du gardien. Quel intérêt pour lui de tirer sans personne pour garder les buts, alors qu'avant chaque frappe il regarde le positionnement du gardien pour lui placer un tir imparable ?

– Bon, ça suffit, dit Maud, sa sœur aînée, après que quelques tirs ont sifflé à ses oreilles. J'en ai assez, maintenant.

Et Antoine de secouer la tête avec obstination :

– Allez, je m'échauffe à peine !

– Encore cinq tirs, d'accord ?

Et si, pour une raison inconnue, aucun membre de sa famille ne veut jouer, Antoine s'entraîne tout seul à parfaire ses talents footballistiques. Il se transforme en roi du jongle.

47, 48, 49, 50, 51...

Et en magicien de la passe décisive – une seule touche de balle.

Pied gauche, pied droit, pied gauche, pied droit...

C'est grâce à ces entraînements réguliers et sans relâche qu'Antoine est aujourd'hui l'un des joueurs les plus techniques. Même par les froides et humides nuits d'hiver, Antoine est dehors, devant sa maison, trempé la tête aux pieds, faisant rebondir la balle contre la porte du garage, encore et encore.

PAF ! PONK !

– Bon, ça suffit comme bruit pour la journée, crie sa mère, Isabelle, par la porte entrebâillée. Si tu n'arrêtes pas tout de suite, les voisins vont appeler la police !

Antoine secoue la tête. Non, s'il s'arrête maintenant, il ne deviendra jamais une superstar.

– S'il te plaît, M'man, encore un peu plus longtemps !

– Encore cinq tirs, d'accord ?

Antoine n'en a jamais assez. Sa vie est foot, foot et toujours plus foot. C'est l'unique sujet qui l'intéresse. Tous les matins à l'école primaire Georges-Brassens, il est assis, occupé à dessiner des bandes dessinées de foot dans ses cahiers, en attendant la sonnerie. Pourquoi ? Parce qu'il aime le foot !

– Allez, on joue ! crie Antoine à ses amis tandis qu'ils sortent de la salle de classe en courant.

Et tous les après-midi, c'est reparti. Il reste assis, occupé à dessiner des bandes dessinées de foot dans ses cahiers, en attendant la sonnerie de la fin des cours. Pourquoi ? Parce qu'il aime le foot !

Après avoir foncé à la maison, posé son cartable et dévoré un en-cas, il est prêt à remettre ça.

– Allez, on joue !

Certains soirs, il court jusqu'au terrain du quartier pour taper le ballon avec ses amis.

Et d'autres soirs, il fonce aux séances d'entraînement avec sa toute première équipe de foot, Entente Charnay et Mâcon 71.

Antoine n'en a jamais assez. Sa vie est foot, foot et toujours plus foot. C'est l'unique sujet qui l'intéresse. C'est grâce à cette passion dévorante qu'il compte devenir l'un des meilleurs joueurs de son temps !

Chapitre 3

LE PETIT MAGICIEN DE MÂCON

L'Entente Charnay et Mâcon 71 est comme une deuxième famille pour Antoine. Il est une figure connue de son club de foot local avant même de commencer à s'entraîner avec les moins de sept ans. Son père est le coach des moins de treize ans. Il l'accompagne souvent et reste avec lui sur la touche. Son père le surnomme « mon assistant ».

Antoine aime bien regarder les matchs de foot et apprendre de nouvelles techniques, mais jouer soi-même est beaucoup plus excitant. Après quelques minutes sur la touche, il s'ennuie ferme et part en quête d'aventures. Bientôt, il connaît chaque coin, recoin et placard du club, ainsi que leur contenu.

– D'où est-ce que ça sort, ça ? demande son père lorsqu'un ballon de foot apparaît, comme par magie, aux pieds de son fils.

Antoine hausse les épaules.

– Je l'ai trouvé derrière les buts, ment-il.

Son père se contente de hocher la tête et retourne à l'entraînement. Il sait qu'avec un ballon, son fils saura s'occuper pendant des heures.

Dès l'âge de cinq ans, Antoine s'entraîne déjà avec les moins de sept ans de Mâcon. Il adore ça et ne manque jamais un entraînement. Les activités sont vraiment amusantes et il sent qu'il progresse : son toucher de balle, ses passes, son dribble, ses tirs. Tout ! Mais l'entraînement, ce n'est pas pareil que lorsqu'on dispute de vrais matchs.

– Quand est-ce que je vais pouvoir jouer pour Mâcon ? demande Antoine à son coach pour la cinquantième fois.

Bruno Chetoux soupire. Ça ne lui semble pas juste qu'un gamin qui a envie de jouer ne puisse pas le faire, mais les règles, ce sont les règles.

– Je suis désolé, gamin, mais tu es encore un peu jeune, répond-il. Tu pourras jouer bientôt, c'est promis !

Au final, Antoine fait ses débuts avant d'avoir six ans. Bruno en a assez de lui dire non et surtout, malgré son jeune âge, Antoine a trop de talent pour être écarté du groupe.

À l'entraînement, il court en faisant des cercles autour de ses coéquipiers. Une fois qu'Antoine a la balle, personne n'arrive à la lui prendre. Il peut dribbler les défenseurs et les passer si facilement qu'on dirait des plots posés sur le terrain. Et il n'y a qu'une issue possible.

Buuuuuuuuuuuuuuuuuuuuuuuuuuuuuuuuuuuuuu uuuuuuuuuuuuuuuuuuuuuut!!!

– On a besoin de lui dans notre équipe, déclare Bruno.

– Enfin ! s'exclame Antoine, quand son coach lui apprend la bonne nouvelle. Je suis impatient, ça va être incroyable ! Merci.

Il s'imagine déjà tous les buts qu'il va marquer, et tous ceux qu'il va offrir à ses coéquipiers. Les attaquants pensent : « Génial ! Antoine va nous créer tellement d'occasions ! » Et les défenseurs se disent : « Génial ! À présent, c'est au tour des autres équipes de gérer Antoine, plutôt que nous ! »

Heureusement, Antoine ne les déçoit pas. Désormais, avec ce petit magicien sur l'aile gauche, Mâcon est impossible à arrêter.

Antoine s'amuse comme un fou sur le terrain. C'est un million de fois mieux que de taper le ballon avec ses amis sur le terrain de basket ! Il a un super maillot bleu marine à son nom, et des fans à divertir avec son talent et sa joie de vivre.

– Allez ! Stoppez le petit blond ! hurlent les entraîneurs adverses tandis qu'Antoine part pour un autre dribble labyrinthique qui les rend fous. MAIS ARRÊTEZ-LE !

Ils ont beau essayer, ils n'y arrivent pas.

Buuuuuuuuuuuuuuuuuuuuuuuuuuuuuuuuuuuuuuuuuuuuuuuuuuuuuuuuuuuuut !!!

Alors qu'Antoine glisse dans la boue sur les genoux, les spectateurs parlent de lui avec enthousiasme :

– Wow, ce garçon est vraiment spécial ! Quel fabuleux pied gauche !

Antoine donne l'impression que jouer au foot est facile, et Bruno se demande si ce n'est pas trop facile pour lui. Très vite, le coach fait monter son nouveau joueur vedette dans la catégorie d'âge supérieure. Sera-t-il également capable de briller contre des garçons plus grands, plus âgés ?

Il se trouve que oui. Même à un niveau plus élevé, Antoine reste le petit magicien de Mâcon. Sa nouvelle équipe remporte match après match. D'abord, ils conquièrent l'échelle régionale, puis ils voyagent de plus en plus loin pour trouver de meilleures équipes à affronter. Le résultat est toujours le même, peu importe les villes. En fait, Antoine est tellement habitué à gagner que, quand il perd, il est absolument dévasté.

– Comment… comment j'ai pu perdre ça ? balbutie-t-il en larmes tandis que son père le reconduit à la maison.

– Ça arrive parfois de perdre, explique Alain.

Bien sûr, il veut réconforter son fils, mais c'est aussi une leçon importante à retenir. Cela l'encourage à faire mieux la prochaine fois. Il va évacuer sa frustration lors du match suivant et, ainsi, s'assurer la victoire. Pas de chance pour les prochains adversaires !

– Je sais que ce n'est pas un sentiment agréable de perdre, mais on ne peut pas gagner à chaque fois.

Antoine hoche la tête et essuie ses larmes avec son maillot. Rapidement, son mental de vainqueur est de retour.

La semaine prochaine, se dit-il, *je ferai tout ce qu'il faudra pour que mon équipe renoue avec la gagne.*

Chapitre 4

FOOT EN FAMILLE

– M'man, est-ce que Théo peut venir jouer au foot avec nous aujourd'hui ? demande Antoine, un après-midi en se préparant à se rendre sur le terrain.

– Ce n'est pas possible, mon chéri, répond-elle.

Théo, alors âgé de deux ans, n'est pas prêt à subir le rythme frénétique du football des plus grands. C'est mignon qu'Antoine veuille jouer avec son petit frère, mais il va devoir trouver un autre gardien, plus âgé.

– Ne t'inquiète pas ! supplie Antoine. Il n'y aura que Maud, Théo et moi. On s'occupera bien de lui, promis !

– D'accord, mais pas plus d'une demi-heure ! demande-t-elle à Antoine. Et si Théo commence à pleurer, ramenez-le tout de suite à la maison.

– Oui, M'man ! Merci !

Tandis que les trois jeunes Griezmann se dirigent vers le terrain de basket, Antoine tente d'expliquer le programme à son petit frère.

– Aujourd'hui, Théo, on va t'apprendre à jouer au foot ! déclare Antoine. Qu'est-ce que tu dis de ça ?

Son petit frère se met à rigoler.

– Il a vraiment l'air excité, rit Maud.

Tandis qu'Antoine prend sa place de gardien, Maud place la balle devant le pied de Théo, exactement comme leur père l'avait fait pour eux.

– Attention, prêt ? TIRE ! l'encouragent Antoine et Maud.

Théo balance sa jambe n'importe comment, et pourtant, la balle rebondit et roule vers les buts. Antoine doit tenter un arrêt, mais il sait ce qu'il doit faire ensuite. Après tout, il aimerait que son petit frère se mette à adorer le foot lui aussi. Tout en effectuant un plongeon super dramatique, il laisse le tir de Théo lui glisser entre les mains.

– Nooon ! gémit Antoine, dans une performance digne d'un oscar.

– But! applaudit Maud.

– But! But! But! répète le jeune Théo, applaudissant de ses petites mains. Encore! Encore!

Antoine sourit à sa sœur. Son plan a fonctionné.

– Super! On dirait qu'on va avoir un nouveau footballeur dans la famille! crie Antoine à sa sœur.

Le temps passe jusqu'à ce que Maud vérifie sa montre et se mette à paniquer. Ils vont être en retard!

– C'est l'heure de rentrer à la maison, appelle-t-elle. Allez, venez, vous deux!

Après une joyeuse demi-heure de plongeons dramatiques et de « BUT! », la première session de foot de Théo est terminée. Ils sont impatients de la raconter à leur mère.

– Théo est déjà si bon au foot! annonce joyeusement Antoine en passant la porte. Il adore marquer des buts, pas vrai, Maud?

– Oui, la seule fois où il a pleuré, c'est quand on lui a retiré la balle à la fin!

Isabelle éclate de rire :

– Parfait, je suis contente que vous vous soyez amusés tous ensemble. Peut-être qu'on va bientôt avoir un troisième footballeur dans la famille! se réjouit-elle.

Antoine est perdu. Leur père est entraîneur de foot, mais il n'est pas un joueur de foot.

– Que veux-tu dire par « un troisième », M'man ? demande Antoine.

– Eh bien, mon père – ton grand-père – était un footballeur aussi, tu te rappelles ?

– Ah oui ! Comment ai-je pu l'oublier ?

Leur grand-père, Amaro Lopes, est plutôt vieux maintenant, mais quand il était jeune, il était un défenseur redoutable dans son club, le FC Paços de Ferreira au Portugal. Sa carrière s'est achevée quand il a déménagé en France, mais il a conservé des photos de ses années de gloire en tant que footballeur.

– C'est moi, là, sur la photo, lui montre fièrement son grand-père. Regarde, je suis presque aussi grand que notre gardien !

– J'espère que je deviendrai aussi grand que toi ! lui répond Antoine.

– J'en suis sûr ! le rassure son grand-père.

Parfois, la famille Griezmann passe les vacances d'été à Paços de Ferreira. Antoine est autorisé à visiter le stade du club et à assister à un match. L'équipe joue à présent au plus haut niveau du pays (la ligue NOS) ! Elle joue contre des clubs célèbres comme Porto et le Sporting de Lisbonne.

– Peut-être qu'un jour, tu joueras pour le Portugal, toi aussi ! dit Amaro avec espoir.

Le Portugal ? Antoine réfléchit un moment. La Coupe du monde 1998 a tout changé pour lui. Non seulement la France a remporté le trophée pour la première fois de son histoire en battant le Brésil de Ronaldo, mais Antoine a également eu la chance de rencontrer tous les joueurs avant leur match de poule contre le Danemark.

Quelle journée fabuleuse il a passée ! Portant un maillot français avec un sept dans le dos, il a couru partout au summum de l'excitation avec son meilleur ami Jean-Baptiste, faisant signer son ballon à toutes les stars : Thierry Henry, Bixente Lizarazu, Fabien Barthez, Robert Pirès, Christian Karembeu et le top du top, Zinedine Zidane. Ces joueurs sont devenus ses nouveaux héros.

Alors, quand Amaro lui demande s'il jouerait un jour pour le Portugal, il répond fermement :

– Désolé, grand-père, je ne peux pas. Moi, je vais jouer pour les Bleus, et je gagnerai la Coupe du monde !

Chapitre 5

L'UF MÂCONNAIS

Alors qu'à huit ans, Antoine s'apprête à franchir le pas pour devenir une superstar française, la ville de Mâcon décide de regrouper les trois clubs de foot en un seul : l'Union du football mâconnais (UF Mâconnais).

Combien d'équipes seront créées ? Y aura-t-il assez de place pour tous ? Beaucoup de jeunes sont inquiets, mais pas Antoine. Il sait qu'il est assez bon pour être la vedette du nouveau superclub de Mâcon.

– Ça va être génial, dit-il à Jean-Baptiste. Maintenant, on va avoir l'occasion de jouer contre des équipes encore meilleures, et de montrer ce qu'on sait faire !

Parmi les grands changements, l'UF Mâconnais s'est engagé en cinquième division française. C'est un niveau plus élevé que tous ceux auxquels il a joué, mais Antoine est prêt à relever le défi. Il est encore maigre et très petit pour son âge, mais ce qui lui fait défaut, il le compense par l'esprit. Personne n'est aussi désireux de devenir un footballeur professionnel que le jeune garçon blond des Gautriats.

Je vais y arriver, se répète Antoine, sans jamais cesser d'y croire. À seulement huit ans, il a déjà un mental d'acier digne d'un futur champion de foot ! Il travaille énormément ses points forts – le dribble, les passes, les centres, et ses points faibles – les tirs, les tacles, les têtes. Il se moque d'être le plus petit des moins de onze ans, mais il veut quand même avoir un meilleur jeu de tête.

Pendant les matchs à domicile des équipes seniors de l'UF Mâconnais, les joueurs juniors participent parfois aux animations à la mi-temps. Antoine adore arriver en courant sur le terrain quand tous les visages sont tournés vers lui. Il a l'impression d'être une superstar.

– Sautez ! hurlent les coachs, en installant des cibles dans les buts.

Les jeunes UF Mâconnais s'alignent et tentent chacun leur tour de mettre des têtes au fond des filets. Alors qu'Antoine prend son élan, il regarde attentivement la balle. Elle arrive vers lui à toute vitesse, mais il doit rester concentré.

C'est mon moment, se dit-il.

Il s'imagine que c'est la dernière minute d'une grande finale de coupe et qu'il a la possibilité de marquer le but vainqueur et de devenir un héros. Antoine utilise les muscles de son cou pour mettre plus de puissance dans sa tête et ajuste sa frappe en pleine lucarne, exactement comme son coach le lui a appris.

Buuuuuuuuuuuuuuuuuuuuuuuuuuuuuuuuuuuuuuuuu uuuuuuuuuuuuuuuuuuuuuuuut !!!

Pendant une seconde, Antoine oublie qu'il ne joue pas vraiment une finale de coupe. Il se retourne et lève triomphalement les bras. Puis ça lui revient : ah oui, il a inventé tout ça !

– Hé, tu le sais que tu n'es pas Zidane, pas vrai ? se moque gentiment Jean-Baptiste.

– Pas encore, mais je le serai bientôt ! lui répond Antoine en souriant.

À dix ans, il s'entraîne déjà avec les moins de treize ans de l'UF Mâconnais. Leur entraîneur, Christophe Grosjean, a vu Antoine en action plusieurs fois au cours des dernières années, mais l'entraîner lui-même l'impressionne plus que jamais.

Pour ce qui est de la technique, Antoine est imbattable. La balle au pied, il est capable de tout faire, ce qui n'est pas le cas de ses coéquipiers plus âgés. Il évolue sur le gazon avec l'équilibre, le contrôle et la grâce d'une superstar !

Tout le monde adore regarder Antoine dribbler sur l'aile. C'est tellement excitant. Que va-t-il faire la seconde d'après ? Si les défenseurs ne font pas attention, il les dépasse sans se faire remarquer. Parfois, Antoine frime avec des tours qu'il a passé des heures à apprendre à la maison, mais la plupart du temps, il brille grâce à son talent naturel.

Une fois qu'il aura un peu grandi, se dit Christophe, *il sera sensationnel !*

Antoine est petit et faible pour son âge, c'est son seul problème. Oui, il a des talents en or, mais ça ne lui sert à rien si les grands défenseurs peuvent lui prendre la balle d'un simple coup d'épaule.

– Faute ! crie-t-il, frustré.

Mais son entraîneur des moins de treize ans se contente de secouer la tête :

– Ça joue !

Antoine ne proteste pas ; il se relève simplement et court de nouveau derrière la balle. Christophe remarque que les joueurs de l'UF Mâconnais épargnent leur coéquipier ; de vrais adversaires l'auraient envoyé valser à l'autre bout du terrain... Non, il ne peut pas permettre que ça arrive.

– Alors, quand est-ce que je fais mes débuts ? demande Antoine, un jour.

Il adore les séances d'entraînement, mais ce n'est pas la même sensation que lorsqu'on joue un vrai match.

– Désolé, gamin, répond Christophe aussi gentiment que possible. On pense que tu n'es pas encore prêt.

À la place, le coach renvoie Antoine chez les moins de douze ans pour le reste de la saison. Antoine est dévasté. Ça lui semble être un tel pas en arrière.

Je m'ennuie tellement ici! pense-t-il les premiers jours, mais très vite, son esprit de champion revient en force. Il n'y a qu'un moyen de prouver à Christophe qu'il a tort.

Buuuuuuuuuuuuuuuuuuuuuuuuuuuuuuuuuuuu uuuuuuuuuuuuuuuuuuuuuut!!!

Quelques mois plus tard, Antoine est rappelé dans l'équipe des moins de treize ans. Il est déjà un peu plus grand, beaucoup plus costaud et prêt à devenir une superstar.

– Content de te revoir ! dit Christophe en souriant.

Antoine déborde de confiance en lui. Les défenseurs n'ont aucune chance à présent !

Chapitre 6

LE FOOT ENTRE AMIS

Les jeunes joueurs de l'UF Mâconnais sont meilleurs amis, sur le terrain et en dehors. Antoine, Jean-Baptiste, Stéphane, Julian et Martin passent tout leur temps libre ensemble. Et quelle est la passion qui les unit ? Le foot !

Les rares week-ends où ils ne jouent pas en moins de treize ans, ils se retrouvent pour jouer à *FIFA* sur la PlayStation, échanger des stickers Panini…

J'ai, j'ai, il me le faut !

… et, bien sûr, jouer au foot. À cette période, Antoine a quasiment déserté le terrain de basket derrière chez lui. Il n'y va que lorsque son frère Théo veut s'entraîner à tirer. Antoine a besoin de plus d'espace pour ses dribbles incroyables, et d'un vrai terrain en herbe aussi. Pourquoi ? Mais pour qu'il puisse célébrer ses buts en faisant des glissades démentes sur les genoux !

L'été 2002 marque le début d'une nouvelle Coupe du monde, et les quatre garçons ont chacun un joueur préféré.

– Aujourd'hui, je serai Thierry Henry ! annonce Stéphane.

– Et moi Zidane ! enchaîne Julian.

– Je choisis Ronaldo ! déclare Martin.

– Oh non, je voulais être lui, se désole Jean-Baptiste. Du coup, qui suis-je ? demande-t-il en se mettant à danser.

Très vite, les autres se tordent de rire sur le sol.

– Mon poto, c'est quoi, cette danse ? demande Stéphane. Ne refais plus jamais ça : c'est la pire chorégraphie que j'aie jamais vue !

Antoine connaît ses classiques. Il trouve immédiatement la bonne réponse :

– Papa Bouba Diop !

– Vous entendez ? exulte Jean-Baptiste, radieux. Il y en a quand même un qui suit la Coupe du monde !

Antoine a regardé tous les matchs de la première à la dernière minute. Quel joueur soutiendra-t-il ? Il est un immense fan des Français, mais Henry et Zidane sont déjà pris. Il est un grand fan du milieu de terrain de la Juventus, Pavel Nedvěd, mais ce dernier ne joue pas parce que la République tchèque ne s'est pas qualifiée. Heureusement, il reste un dernier joueur qu'Antoine peut choisir : son plus grand héros, David Beckham.

– Je serai Beckham ! crie-t-il.

Antoine veut brosser la balle exactement comme Beckham, seulement du pied gauche au lieu du droit. Il passe des heures à regarder des vidéos des plus belles frappes de son héros, de ses plus belles passes, centres et surtout, de ses meilleurs coups francs, parmi lesquels : Manchester United contre Liverpool, West Ham ou Barcelone. Mais encore, pour l'Angleterre contre la Colombie, le Mexique et la Grèce. Ce joueur est son idole, son modèle ! Il est passé par tous les clubs historiques comme le Real Madrid, Manchester United... La puissance, le tir brossé, la précision – c'est absolument incroyable !

Mais comment fait-il ça ? s'émerveille Antoine.

Et ce n'est pas seulement son talent de footballeur qu'Antoine admire. C'est aussi son style – les vêtements cool, les photos classes, et les coupes de cheveux qui changent sans cesse.

Antoine fait de son mieux pour copier Beckham. Ses parents ne le laissent pas toujours avoir sa dernière coupe de cheveux, mais il porte un maillot à manches longues avec le numéro sept dans le dos. Ça le fait se sentir comme Beckham, mais est-il capable de jouer comme lui ?

Oui, il l'est ! En avançant en dribblant, il lève la tête et repère Julian qui fonce sur l'aile droite. C'est le moment d'être Beckham ! Rapide comme l'éclair, il arme son pied gauche et exécute une passe longue portée parfaite pour son coéquipier.

Buuuuuuuuuuuuuuuuuuuuuuuuuuuuuuuuuuuuuuu uuuuuuuuuuuuuuuuuuuuuuut !!!

– Merci Beckham, tu es un bon passeur ! le remercie Julian.

– Pas de problème, Zizou ! répond Antoine.

Leurs parties se poursuivent, encore et encore, et souvent toute la journée. Si l'un d'eux doit rentrer chez lui, ils trouvent généralement un copain prêt à le remplacer.

OK, Robert est dans votre équipe à présent!

Il n'y a que la faim, la pluie ou la neige, la tombée de la nuit et leurs parents en colère qui peuvent mettre fin à leurs matchs.

Ce jour-là, c'est l'obscurité qui les arrête.

– OK, le prochain but remporte la partie ! crie Martin alors que les derniers rayons du soleil disparaissent.

– Comment ça ? C'est pas juste, notre équipe a quatre buts d'avance ! se plaint Jean-Baptiste.

Ils sont meilleurs amis, mais une fois sur le terrain, la compétitivité s'immisce dans la partie…

– Non, n'importe quoi !

– Si, c'est vrai !

– On en est à 37–35 !

– Non, c'est 38–34 !

– Ce but ne compte pas, tu te rappelles, parce que Jacques a fait une main. Et on a marqué celui où…

– Hé, on s'en fiche, les interrompt Antoine. On se contente de jouer et de s'assurer qu'on marque le prochain but.

Antoine n'a que la victoire en tête et veut donner une leçon à ceux qui viennent de tricher.

– Très bien, ronchonne Jean-Baptiste, de mauvaise humeur.

Il passe à Antoine, qui fonce en dribblant, passe un adversaire, puis un autre, puis…

– FAUTE ! crie-t-il en tombant à terre.

– N'importe quoi ! T'as plongé ! argumente Martin. Je t'ai pris la balle à la loyale, et tu le sais, Beckham !

Antoine ne recule pas cette fois.

– C'est ça, t'as raison, Henry ! Ce tacle était pire que celui que tu as fait contre l'Uruguay !

Ce dont ils ont vraiment besoin, c'est d'un arbitre, mais finalement la décision avantage Antoine.

Coup franc !

C'est la dernière minute de la finale de la Coupe du monde 2002. C'est son moment – sa chance d'être le héros. Antoine ferme les yeux, prend une longue inspiration, et se concentre. *Joue-la comme Beckham*, pense-t-il.

– Allez, vas-y ! crie Stéphane, inquiet à l'idée de perdre le match sur un coup franc signé Antoine Beckham. On n'a pas toute la nuit !

Antoine court et frappe très fort la balle, en la brossant bien. Elle siffle en passant les joueurs du mur et le gardien aussi.

Buuuuuuuuuuuuuuuuuuuuuuuuuuuuuuuuuuuuuu uuuuuuuuuuuuuuuuuuuuut!!!

Antoine l'a fait; il a gagné la Coupe du monde! Il lève le poing en l'air et exécute une autre glissade à genoux démente!

– Aujourd'hui, c'est moi le héros de la Coupe du monde! crie Antoine.

Chapitre 7

TROP PETIT POUR ÊTRE UNE STAR ?

Les années passent, mais le rêve d'Antoine ne change pas. À l'école, quand on lui demande quel métier il voudrait faire plus tard, il écrit deux mots magiques :

Footballeur professionnel !

– C'est génial d'avoir cette ambition, lui disent ses professeurs, mais c'est un monde très très compétitif. Il vaut mieux avoir d'autres options. Il existe d'autres carrières intéressantes dans le monde. Qu'aimes-tu faire à part jouer au foot ?

Jouer au foot est la seule chose qu'Antoine ait jamais voulu faire. Il sait bien que ce ne sera pas facile, mais il est prêt à travailler sans relâche jusqu'à ce qu'il atteigne son but. Rien ne peut l'arrêter et surtout pas sa petite taille.

Pourtant, c'est un vrai problème. À treize ans, Antoine est toujours petit, et pourtant, il doit passer du jeu à neuf sur un demi-terrain au jeu à onze sur un grand terrain. C'est comme sortir un minuscule poisson rouge de son bocal et le lâcher en plein océan Atlantique ! Il y a de l'espace partout.

Antoine fait de son mieux pour démontrer ses talents comme d'habitude, mais ses petites jambes ne supportent pas courir autant. Il est épuisé avant la fin du match. Quand le nouvel entraîneur de l'UF Mâconnais, Jean Belver, voit à quel point il lutte, il le met sur le banc.

– Rassure-toi, tu auras l'occasion de briller en seconde mi-temps, lui dit Belver.

Mais Antoine est inquiet. Être remplaçant, c'est un véritable supplice ! Il n'y a rien de pire que de s'asseoir et regarder ses meilleurs amis, Jean-Baptiste, Stéphane, Martin et Julian, s'amuser sans lui sur le terrain de foot.

Il faut absolument que j'y retourne ! se dit Antoine en serrant les poings. Le seul moyen de prouver à Belver qu'il a tort, la prochaine fois qu'il mettra les pieds sur le terrain, est de marquer un :

Buuuuuuuuuuuuuuuuuuuuuuuuuuuuuuuuuuuuuuu uuuuuuuuuuuuuuuuuuuuuuut!!!

– JE SUIS DE RETOUR ! rugit Antoine, en glissant sur les genoux.

À l'UF Mâconnais, tout le monde connaît bien Antoine, et ils croient tous en lui. Après tout, leur petit magicien blond a prouvé qu'il avait un esprit de champion en surmontant une à une les difficultés. Sa force mentale est bien celle d'une superstar, et il travaille dur à améliorer sa force physique.

– Continue à t'entraîner comme tu le fais, l'encourage son entraîneur, tu vas bientôt avoir ta poussée de croissance, j'en suis sûr.

Malheureusement, tout le monde ne partage pas l'avis de Belver. Au cours de la saison 2004-2005, Alain emmène son fils en détection dans les meilleurs clubs de France. Cela s'avère être une expérience très difficile pour Antoine.

Il fait d'abord un test pour son équipe favorite, l'Olympique lyonnais. C'est le grand club le plus proche de

Mâcon, et il en est fan depuis que son père l'a emmené à son premier match au stade de Gerland. L'aventure, l'action, l'ambiance – c'est de loin la plus belle expérience de sa vie.

– Quand je serai grand, je jouerai pour Lyon ! avait-il annoncé peu après.

Le joueur préféré d'Antoine est leur attaquant Sonny Anderson, et il a eu la chance de le rencontrer. Il était trop impressionné pour lui parler, mais il a fièrement affiché la photo de cette rencontre sur le mur de sa chambre à côté de ses posters de Nedvěd, Zidane et Beckham, tous les joueurs qu'il admire… C'est un mur 100 % foot !

C'est donc complètement surexcité qu'Antoine arrive sur le terrain d'entraînement pour commencer son test. Il est impatient de devenir le prochain Sonny Anderson.

– Salut Didier ! Salut François !

Antoine connaît déjà la plupart des entraîneurs pour jeunes de Lyon parce qu'il a participé aux camps d'entraînement du club tous les étés. Et eux le connaissent aussi, ainsi que ses atouts et ses faiblesses.

Depuis des années, Alain Duthéron, dénicheur de talents à Lyon, suit de près le parcours d'Antoine. Duthéron adore le style d'Antoine, mais sa petite taille lui pose problème. Les clubs français ne cherchent pas de petits joueurs talentueux, ils veulent des grands joueurs, tout en puissance. Et aussi doué qu'il soit, Antoine ne correspond pas du tout à cette description.

– Ce garçon est spécial ! argumente Duthéron, pour convaincre les entraîneurs de jeunes à Lyon d'être patients avec Antoine, mais aucun ne l'écoute.

Les parents du garçon sont petits aussi ; il n'y a aucune chance qu'il devienne un jour très grand. C'est *non.*

Ce mot fait mal, comme une blessure ou un coup de poing dans le ventre. Antoine en est dévasté, mais il se relève et il continue.

– Il y a plein d'autres clubs ailleurs, le rassure son père.

Antoine ne va pas abandonner dès le premier refus. Il est déterminé à assouvir son rêve de devenir un footballeur professionnel, quoi qu'il en coûte. Antoine va devoir se le rappeler souvent, car d'autres moments difficiles l'attendent.

Il est invité à la détection de l'AS Saint-Étienne, mais elle est annulée pour cause de neige.

– On essaiera encore, lui dit son père.

Il passe le test du FC Sochaux, mais comme à Lyon, ils décident qu'il est trop petit pour être une star.

– On essaiera encore, lui répète son père.

Il passe le test de l'AJ Auxerre, mais quand ils soumettent son poignet aux rayons X pour prédire sa future taille, les résultats ne sont pas bons.

– Non, lui disent-ils, tu seras trop petit pour être une star.

– On essaiera encore, le rassure son père.

Antoine en arrive au point de vouloir abandonner le foot, mais il tient bon. À la place, il passe le test du FC Metz, et cette fois-ci, le club semble vraiment intéressé à l'idée de le signer. Son rêve va-t-il finalement se réaliser ? Mais alors qu'Antoine est à nouveau plein d'espoir, il entend la même excuse…

– Désolé, on pense que tu es trop petit pour être une star.

Non, pas encore ! Antoine est trop bouleversé pour dire quoi que ce soit, alors c'est son père qui prend la parole.

– Vous pensez vraiment que mon fils est trop petit ? rétorque Alain, furieux. C'est ce qu'on va voir !

Comment peuvent-ils dire ça alors qu'Antoine est encore si jeune ? La plupart des enfants n'ont pas leur poussée de croissance avant d'avoir 15 ou 16 ans.

– On essaiera encore, lui dit son père.

Vraiment ? Antoine pourra-t-il encaisser un autre refus ? Heureusement, il n'aura plus à le faire.

Chapitre 8

DÉTECTÉ PAR LA SOCIEDAD

À l'été 2005, le dénicheur de talents de la Real Sociedad, Éric Olhats, décide de passer quelques jours à Paris à son retour d'Argentine. Il a quelques amis dans le milieu du foot qu'il veut revoir. Pour Éric, c'est juste un changement de programme. Pour Antoine, c'est une décision qui va bouleverser sa vie.

Le Montpellier HSC est le tout dernier club français en date à avoir proposé une détection à Antoine. Leur dénicheur de talents, Manu Christophe, est un grand fan d'Antoine, mais leur entraîneur de jeunes, Christophe Blondeau, ne partage pas son avis. Le problème ? Sa taille, bien entendu.

Alain conduit Antoine en voiture jusqu'à Montpellier pour rencontrer ses nouveaux coéquipiers. Portant le kit du club dans ses mains, Antoine monte à bord du bus en direction de Paris.

– Bonne chance, fils ! lui crie son père par la vitre baissée de la voiture.

Antoine est excité à l'idée de jouer dans un aussi grand tournoi, mais il ne s'emballe pas. Après sa mésaventure à Metz, il sait que tout peut s'arrêter du jour au lendemain ! Il pourrait rester sur le banc de touche toute la journée, ou Montpellier pourrait perdre tous les matchs…

Non, je dois rester positif, se dit Antoine en regardant par la vitre du bus. *Je peux le faire !*

Ce jour-là, Éric Olhats rejoint ses amis qui assistent à un tournoi des moins de quinze ans sur le terrain d'entraînement du Paris Saint-Germain. Éric n'est pas constamment en mode détection pour la Sociedad quand il y a match, mais il ne peut s'empêcher de repérer un excellent joueur. Après tout, c'est son talent à lui.

– Avez-vous remarqué quelqu'un de spécial ? demande-t-il à ses amis.

– Pas encore, répondent-ils avec un brin d'espoir dans la voix.

Les matchs sont joués à cent à l'heure. Il y a de l'action sur tout le terrain comme lors d'un match de tennis. Chaque jeune joueur rêve de devenir le prochain grand champion.

– Ralentissez et réfléchissez ! a envie de leur crier Éric, mais il ne le fait pas.

Finalement, le dénicheur de talents de la Real Sociedad remarque un gamin qui a la bonne attitude. Le petit ailier gauche de Montpellier est un plaisir à regarder. En avançant tout en dribblant, il a l'air si calme et concentré sur la balle qu'on dirait qu'il a toute la vie devant lui pour réaliser son action.

– Voilà ! Ça, c'est ce que j'attendais ! s'enthousiasme Éric.

Plus le match passe, plus Éric est intéressé. Le garçon blond est loin d'être aussi costaud que les autres joueurs, mais il est sans aucun doute le meilleur footballeur sur le terrain. Et c'est ce qui importe le plus, non ?

– Quand il aura un peu grandi, se dit le dénicheur de talents, il sera sensationnel !

Éric veut absolument en savoir plus sur l'ailier gauche de Montpellier.

– Est-ce que le petit blond est votre fils? demande-t-il aux parents au bord du terrain, mais ils secouent tous la tête.

Alors, Éric va parler à l'entraîneur de Montpellier. Après un échange de banalités, il entre dans le vif du sujet.

– Il a un très joli pied gauche, votre ailier, déclare Éric de manière nonchalante.

– Antoine? Oui, c'est un gamin très talentueux, admet Blondeau. Il est en train de passer la détection, mais malheureusement, on ne va pas le signer. Il ne correspond pas à ce que l'on recherche en ce moment.

Éric hoche la tête en s'efforçant de ne pas sourire. Il a pris sa décision et va demander à Antoine de venir à la Real Sociedad.

Mais comment? Et quand? Il ne peut rien faire avant de parler aux parents du garçon, et ils ne sont pas présents au tournoi.

Tout comme Antoine, Éric ne se laisse pas abattre si facilement. Il appelle le directeur sportif de son club et lui raconte l'histoire du petit magicien de Montpellier.

– Comment peut-on procéder ? demande le dénicheur de talents.

– Invite le garçon à faire un test ici, lui conseille tout simplement Olabe.

Alors, au cours d'une pause entre deux matchs, Éric se dirige vers Antoine et lui tend une feuille de papier pliée en deux. Il a écrit un message dessus : « Ne pas ouvrir avant d'arriver à la maison ! »

Antoine le lit, sourit et acquiesce.

– Merci, je ne l'ouvrirai pas.

Qu'y a-t-il d'écrit sur cette feuille ? C'est la question qui tourne en boucle dans la tête d'Antoine sur la route interminable qui le ramène à Montpellier. Il garde la feuille serrée dans sa main, mais respecte la promesse faite à Éric. Il ne l'ouvre qu'une fois arrivé chez lui, en famille.

– Ouvre-la ! Ouvre-la ! répète Théo, impatient.

– OK, OK ! dit Antoine, en dépliant enfin la feuille.

Alors qu'il la parcourt des yeux, ses mains se mettent à trembler.

– Qu'est-ce que ça dit ? demande Maud. Lis à voix haute !

Antoine s'éclaircit la gorge et commence à lire.

Nous aimerions vous inviter en Espagne pour effectuer un test pour la Real Sociedad.

– Félicitations ! Autre chose ? lui demande son père.

– Il y a aussi un nom et un numéro de téléphone, conclut Antoine.

Éric Olhats, qui sera bientôt considéré comme un membre de la famille Griezmann, n'est pour le moment qu'un étranger aux yeux des parents d'Antoine.

– Je vais appeler le recruteur demain, temporise Alain.

Il aimerait d'abord connaître tous les détails, pour éviter à son fils d'endurer une autre déception, comme celle de Metz.

– Oui, je ne suis pas vraiment très convaincue par cette offre, ajoute Isabelle, qui déteste l'idée que son fils parte si loin de la maison.

Déménager en Espagne serait un très grand pas, mais Antoine fera tout pour réaliser son rêve ! Il a déjà le mental et le talent pour s'améliorer et progresser, même loin de sa famille, même s'il sait qu'il aura le mal du pays.

Lentement mais sûrement, Éric parvient à persuader les parents d'Antoine de le laisser partir. D'abord, il y a de longs échanges par téléphone, puis le détecteur vient rendre visite aux Griezmann. Il leur montre des photos du centre de formation de la Real Sociedad et leur donne beaucoup d'informations sur les écoles et les séances d'entraînement.

– Et je serai toujours là pour veiller sur lui, promet Éric.

Le visage d'Antoine s'illumine en regardant les photos du centre. Le foot en Espagne, ça a l'air génial, mais le meilleur reste à venir. Éric a un cadeau spécial pour le garçon : son premier maillot de la Real Sociedad.

– Merci, trop cool ! dit Antoine, admirant les rayures bleues et blanches du maillot.

Il est impatient de porter fièrement le maillot aux couleurs légendaires de son nouveau club !

Alain et Isabelle se rendent compte à quel point leur fils est prêt pour tout ça. Comment dire non et briser son rêve de devenir footballeur professionnel ?

– OK, nous t'emmènerons à la détection, disent-ils d'une seule voix.

Antoine est comme dans un rêve. Adieu UF Mâconnais ! Il embarque pour une aventure espagnole sans savoir que c'est le début d'une grande carrière !

Chapitre 9

TENIR LE COUP EN ESPAGNE

Antoine passe un test à la Real Sociedad au printemps, puis un autre en été. Il a vraiment adoré les deux expériences, mais en a-t-il fait assez pour impressionner l'entraîneur junior, Iñigo Cortés ? Le club est-il prêt à parier sur un jeune français maigrichon avec un joli pied gauche ? Oui et oui !

– Nous aimerions offrir à Antoine une place dans notre centre, annonce Iñigo aux parents d'Antoine, qui sont très fiers de leur garçon.

– Merci, il sera si heureux de l'apprendre, répond Alain avec émotion.

C'est le plus beau jour de la jeune vie d'Antoine, mais des jours plus difficiles l'attendent. Signer avec la

Sociedad signifie déménager en Espagne, apprendre une nouvelle langue et vivre loin de la maison. C'est un sacré changement à gérer pour un jeune de quatorze ans.

– Tu vas nous manquer ! sanglote sa mère lors des adieux à l'aéroport. Prends soin de toi et appelle-nous quand tu as besoin de parler. N'importe quand !

Au début, Antoine vit dans un internat à la frontière entre la France et l'Espagne. Il a un long trajet à faire pour aller à l'entraînement tous les soirs. Tous ces allers-retours le fatiguent. Il se sent seul et au bout du rouleau. Un jour, en allant le chercher, Éric se rend compte que le garçon est contrarié.

– Qu'est-ce qui ne va pas ? demande-t-il gentiment.

Antoine ne parvient plus à se retenir et fond en larmes. C'est trop !

– Je veux rentrer chez moi, finit-il par avouer. Je veux retourner vivre avec mes parents, Maud et Théo, et jouer au foot avec Jean-Baptiste et Stéphane. Je déteste cette école. Je n'ai pas d'amis ici et Mâcon me manque.

Éric réconforte Antoine du mieux qu'il peut. Il n'est pas le premier garçon à avoir le mal du pays à la Sociedad.

– Reste fort, gamin, lui répond le recruteur. Les choses vont s'arranger, je te le promets.

Éric a une idée qui pourrait l'aider, mais il doit d'abord en parler au directeur sportif. Une fois qu'Olabe a donné son accord, Éric demande à Antoine :

– Est-ce que tu voudrais venir habiter chez moi, à Bayonne ?

Bayonne est proche de l'école du garçon et à seulement une heure en voiture de Saint-Sébastien, le fief de la Real Sociedad.

– Oh oui, merci, s'exclame Antoine, qui n'en revient pas de tant de générosité.

Maintenant qu'ils ont réglé les problèmes de logistique, il est temps pour Antoine de se concentrer sur ses compétences footballistiques. Avec ses longs cheveux blonds et ses bottes étincelantes, il arrive à la Sociedad ressemblant à un mix entre Pavel Nedvěd et David Beckham. Mais a-t-il le talent qui va avec le style ?

– Donnez-moi un ballon et je vais vous montrer, se vante Antoine avec un sourire insolent.

Même s'il est nouveau dans l'équipe, il est plein de confiance en lui. Iñigo apprécie la confiance en soi, mais également le talent. Il décide de mettre Antoine dans le groupe plus âgé, en compagnie des autres joueurs français de la Sociedad, Jonathan Lupinelli et Lucas Puyol. L'entraîneur espère qu'ainsi il se sentira comme à la maison. Le plan fonctionne : le trio est bientôt inséparable, rigolant et plaisantant ensemble dans leur langue maternelle.

Le seul problème réside dans le fait qu'Antoine est le plus jeune joueur de l'équipe et aussi le plus petit. Il ne va pas directement entrer dans l'équipe type. Il a encore beaucoup à apprendre et de nombreuses améliorations à apporter à son jeu.

– C'est ça, Antoine ! l'encourage son coach. Continue !

Certains jours, cependant, il a trop l'impression de se retrouver à l'UF Mâconnais. Antoine n'a pas déménagé jusqu'en Espagne pour se retrouver sur le banc de la Sociedad !

– Tu peux toujours revenir jouer avec nous, lui suggère souvent Jean-Baptiste au téléphone.

Mais, aussi tentant que cela puisse être, Antoine reste fort.

– Non, je ne vais pas abandonner maintenant, répond-il avec détermination.

Durant les vacances scolaires, Antoine peut rentrer à Mâcon pour passer du temps en famille, se détendre, s'amuser, et bien sûr, jouer au foot avec ses amis. Mais le moment venu, il repart toujours à la Sociedad plein de courage et avec une nouvelle coupe de cheveux.

– Super cool, Grizi ! plaisante Jonathan.

Pour Iñigo et les autres coachs juniors de la Sociedad, Antoine est comme la pièce rapportée d'un ensemble. Il distribue le jeu de manière très spéciale, avec un contrôle et une créativité extraordinaires, mais comment peut-il s'intégrer à l'équipe ? On en revient toujours à ce problème, il faut d'abord qu'il grandisse et devienne plus costaud.

Antoine s'efforce d'être aussi patient que possible, mais ce n'est pas facile pour un gamin fou de foot qui veut juste jouer. Une année passe, puis la suivante…

Est-ce qu'Antoine fait des progrès ? Parfois, il lui semble que ses pieds sont pris dans les sables mouvants. Souvent, lorsque ses parents l'appellent, ils peuvent entendre la frustration dans sa voix.

– Tu sais que tu peux toujours rentrer si c'est ce que tu veux, lui rappelle sa mère.

C'est tellement tentant, sa famille lui manque, mais Antoine reste fort. Il veut accomplir le rêve de sa vie. Il est conscient que de nombreux jeunes dans le monde rêvent d'avoir sa place, et qu'il doit la mériter.

– Non, je ne vais pas abandonner maintenant, dit-il avec détermination.

À chaque fois qu'il déprime, Antoine en parle avec Éric. Il se sent toujours mieux après. Éric est content de l'aider, quel que soit le problème. Parfois, ils s'assoient et parlent de la vie d'Antoine à Mâcon. Et d'autres fois, ils sortent sur le terrain de foot pour une séance supplémentaire d'entraînement en un contre un.

Éric est la personne qui croit le plus en Antoine, en dehors de ses parents bien sûr. Il est comme un second père pour le jeune exilé. Et c'est sans aucun doute grâce à lui qu'Antoine est devenu un grand champion. Encore aujourd'hui, il suffit d'entendre l'émotion dans la voix d'Antoine Griezmann quand il parle d'Éric aux journalistes…

La passion d'Antoine pour son sport favori l'aide à surmonter tous les obstacles. Ce qui lui manque en taille, il le compense par l'esprit. Il est prêt à fournir tout le travail nécessaire à l'accomplissement de son rêve.

– Tu vas y arriver, le rassure Éric. C'est juste une question de temps avant que tu ne deviennes une superstar !

Chapitre 10

LA GRANDE ENVOLÉE D'ANTOINE

C'est au cours de la saison 2008-2009 qu'Antoine commence à briller à la Real Sociedad. Il marque plus de buts, il crée plein d'occasions, et surtout, il grandit enfin. De 1 m 54, il passe soudain à 1 m 74 !

– Mais où est passé notre adorable petit garçon ? plaisantent ses parents, aussi impressionnés que ravis.

Et non seulement Antoine grandit, mais il devient aussi plus fort. Il bénéficie d'une puissance additionnelle sur le terrain, et les défenseurs n'arrivent plus à le bousculer pour lui prendre la balle. Éric et Iñigo sont ravis. La pièce rapportée se met finalement en place !

– Il est désormais impossible de l'arrêter, s'accordent-ils à dire.

Antoine attend toujours son moment. À l'âge de dix-huit ans, Beckham était sur le point de faire ses débuts à Manchester United. Antoine, de son côté, se sent encore très loin de l'équipe première de la Sociedad.

Que puis-je faire pour capter l'attention de Lillo? se demande-t-il.

Juan Manuel Lillo est le sélectionneur de l'équipe senior, laquelle lutte en bas du classement de la Deuxième Division espagnole. Leur plus gros problème est de marquer des buts, et Antoine peut certainement les aider!

Peut-être pourra-t-il percer lors du célèbre tournoi junior de la Sociedad? Beckham lui-même y a participé avec Manchester United au début des années 90. Quinze ans plus tard, Antoine a l'occasion de marcher dans les pas de son héros. Cette fois, la Sociedad est en compétition avec les plus grandes équipes juniors d'Espagne, y compris Barcelone, Valence et l'Atlético Madrid.

Allez, on y va! se dit Antoine.

Tous les joueurs de la Sociedad sont super excités. Ils ne parlent que du tournoi depuis des semaines. Non seulement la finale va se dérouler au stade principal du club, l'Anoeta, mais elle sera aussi retransmise en direct à la télé.

– Bon, il faut qu'on aille jusqu'au bout et qu'on gagne ! s'encouragent les jeunes.

Mais avant ça, la Sociedad a trois matchs en trois jours contre Séville, Barcelone et le rival local, l'Athletic Bilbao ! Ça fait vraiment beaucoup de football pour les moins de dix-neuf ans. Leur coach, Meho Kodro, doit choisir la meilleure option d'attaque. Va-t-il prendre Antoine ou Joseba Beitia sur l'aile gauche contre Séville ?

Quand Antoine voit la composition d'équipe, il lève le poing en l'air fièrement :

– Merci, vous ne le regretterez pas, promet-il à son coach.

Le moment est arrivé : le temps pour Antoine de briller et de montrer à Kodro, son entraîneur, toute l'étendue de son talent…

Buuuuuuuuuuuuuuuuuuuuuuuuuuuuuuuuuuuuuu uuuuuuuuuuuuuuuuuuuuuut !!!

Alors que la balle fuse derrière le gardien de Séville, Antoine lève les bras, puis glisse sur le gazon à genoux.

– Allez, on y va ! rugit-il.

Antoine est lancé, et sa confiance en lui atteint des sommets. Il marque quatre autres buts contre Bilbao et Barcelone. Une nouvelle star de la Sociedad est née, et l'équipe est arrivée aux portes de la finale !

– On a toujours su que tu avais du talent, dit Kodro avec le sourire, et maintenant tu en tires vraiment le meilleur.

Les adversaires de la Sociedad à l'Anoeta seront l'Atlético Madrid. Sous l'objectif des caméras, Antoine pourra-t-il ajouter d'autres buts à sa liste et devenir le héros du plus grand de tous les matchs ?

Pas vraiment, mais il crée de multiples occasions pour lui et pour son équipe. La Sociedad ouvre la marque, mais l'Atlético égalise dans les dernières minutes. C'est dommage, mais pas le temps de désespérer. Les joueurs de la Sociedad doivent se concentrer pour la séance de tir au but.

– Tête haute les gars, les applaudit et les encourage Kodro. On peut encore l'emporter !

La tension est palpable. Antoine détourne les yeux, tandis que, un à un, ses coéquipiers, balle à la main, se rendent sur le point de penalty. Tout ce suspense, il en est malade…

Buuuuuuuuuuuuuuuuuuuuuuuuuuuuuuuuuuuuuuuuuuuuuuuuuuuuuuuuuuuut!!!

– Joli, Jon !

Buuuuuuuuuuuuuuuuuuuuuuuuuuuuuuuuuuuuuuuuuuuuuuuuuuuuuuuuuuuuut!!!

– Super frappe, Iñigo !

Finalement, leur gardien, Alex Ruiz, plonge à ras du sol et arrête la balle ! 4-3, la Real Sociedad l'emporte !

– Ouiiiiiiiii ! hurle Antoine en fonçant avec ses coéquipiers vers leur héros.

Même gagner la Coupe du monde ne peut pas être mieux que ça.

Campeones, campeones. Olé ! Olé ! Olé !

Sur le terrain de l'Anoeta, il y a des embrassades et des chansons, puis des médailles et des trophées. Antoine ne remporte pas le prix du meilleur joueur, mais il reçoit le prix du meilleur marqueur. Quel fantastique tournoi ça a été pour lui ! C'est la grande révélation qu'il attendait.

Alors, qu'est-ce qui attend la nouvelle star de la Sociedad ? Antoine signe un nouveau contrat avec le club, et pendant le reste de la saison, il continue de briller chez les moins de dix-neuf ans, essayant toujours de capter l'attention de Lillo. Même si cela n'arrive pas, il y a bientôt un nouvel entraîneur de la Sociedad à impressionner. La tâche de Martín Lasarte est de remonter le club en première division, et comment va-t-il s'y prendre ? En donnant une chance aux jeunes.

Chez lui, en Uruguay, Lasarte a lancé la carrière d'un jeune attaquant de dix-huit ans nommé… Luis Suárez. Saura-t-il faire d'Antoine la prochaine révélation ?

Le nouvel entraîneur de la Sociedad veut doubler tous les postes. Peu importe leur âge tant qu'ils ont la bonne attitude et le degré de talent souhaité.

Gardiens ? *Check !*

Défenseurs ? *Check !*

Milieux de terrain centraux ? *Check !*

Ailiers droits ? *Check !*

Il ne reste qu'une place à prendre.

– Ce que je cherche, c'est un ailier gauche super adroit, dit Lasarte aux entraîneurs juniors. Avez-vous quelqu'un qui correspond à ce profil ?

– Oui, on en a un, répondent-ils avec enthousiasme.

Trop de chance ! À dix-huit ans, Antoine quitte la réserve et commence à s'entraîner avec l'équipe première de la Sociedad !

Chapitre 11

DES DÉBUTS RÉUSSIS

La première séance d'entraînement avec l'équipe première est un moment clé pour tous les joueurs de foot. Pour certains, c'est comme être jeté dans une piscine pleine de requins, soit tu coules, soit tu nages. Il faut s'attendre à tomber sur des joueurs meilleurs que soi, tout en construisant de bonnes relations avec eux et en supportant la pression des entraîneurs ou même des supporters.

LA PANIQUE!

Mais pas pour Antoine. Il a déjà démontré plusieurs fois sa force de caractère en rebondissant après de nombreux refus ou en surmontant les obstacles. Il ne va pas laisser ses nerfs, ou son jeune âge, l'empêcher d'accomplir son rêve. Il en est si proche à présent.

– Les gars, voici Antoine, annonce Lasarte aux joueurs de la Sociedad. Il va se joindre à nous pour les prochaines semaines.

Les joueurs plus âgés et plus expérimentés toisent le jeune ailier gauche et grognent. Non, ils ne vont pas souhaiter la bienvenue à ce gamin, les bras ouverts, aussi génial soit-il. En fait, c'est tout le contraire : ils vont tester son talent, et, plus important encore, sa résistance. Antoine va devoir travailler dur pour mériter sa place dans l'équipe.

Allez, on y va, je vous attends! se dit-il.

Il lui faut peu de temps pour impressionner Lasarte. Le directeur de la Sociedad cherchait un joueur déterminé, et Antoine remplit tous les critères.

Pour un joueur aussi doué, il n'est pas égoïste. Si un attaquant est dans une meilleure position pour marquer, Antoine lui fait toujours la passe.

Et pour un joueur aussi maigre, il n'est pas faible. À l'entraînement, il se bat courageusement contre les grands défenseurs de la Sociedad, et s'il se fait mettre à terre, il se relève aussitôt.

Lasarte aime tout chez Antoine. L'attaque de la Sociedad a besoin de quelqu'un d'un peu différent, et ce gamin de dix-huit ans pourrait être l'étincelle qui leur manque. Il n'y a qu'un moyen de le découvrir – en lui accordant du temps de jeu dans les matchs amicaux de la pré-saison.

L'entraîneur fait entrer Antoine sur le terrain pour la seconde mi-temps contre le CD Anaitasuna. Dès qu'il touche le ballon pour la première fois jusqu'au coup de sifflet final, Antoine fonce en dribblant avec fluidité et instinct. Les pauvres défenseurs ne savent plus quoi faire pour l'arrêter. Il vire et tourne pour se frayer un chemin, puis met la touche finale avec son pied gauche.

Buuuuuuuuuuuuuuuuuuuuuuuuuuuuuuuuuuuuuuuuuuuuuuuuuuuuuuuut!!!

Quels débuts ! Antoine captive l'attention, mais pourra-t-il tenir à ce rythme ? Oui, il le peut. Il marque deux autres buts dans le match suivant contre Barakaldo, puis un autre contre le SD Eibar. Les supporters se réjouissent déjà d'avoir cette nouvelle pépite !

Tout comme au tournoi junior, Antoine a saisi sa chance de façon spectaculaire. Avec cinq buts marqués lors de ses quatre derniers matchs, son nom commence à tourner.

– Connais-tu ce petit génie ? Griezmann – est-il allemand ?

– Non, je suis presque sûr qu'il est français. Je ne sais pas grand-chose sur lui sinon qu'il a un très joli pied gauche.

Antoine adore sa nouvelle vie dans l'équipe première de la Sociedad. Son entraîneur croit en lui, et il a passé le test de ses coéquipiers – il est l'un des leurs à présent.

– Si tu me refais une fois de plus un petit pont, Grizi, tu vas le regretter ! plaisante le défenseur droit, Carlos Martinez.

– Pour ça, faudrait déjà que tu me rattrapes ! réplique Antoine au culot.

Il incarne l'étincelle créative de la Sociedad en Seconde Division, mais tout le monde n'est pas d'accord sur ce point.

Beaucoup de gamins jouent bien en pré-saison, mais ça ne veut rien dire. Il n'a que dix-huit ans. C'est beaucoup trop tôt pour le faire jouer en championnat.

Quand la saison 2009-2010 démarre, Antoine observe les premiers matchs depuis le banc de touche, mais il n'y reste pas longtemps. La Sociedad ne remporte qu'un seul de ses quatre premiers matchs, et les fans sont rapidement frustrés.

– Donnez sa chance à Griezmann ! hurlent-ils.

Lasarte entend ces revendications. L'heure est venue de voir ce que leur jeune star est capable de faire. Antoine entre comme remplaçant de dernière minute en Coupe d'Espagne contre le Rayo Vallecano et ensuite en championnat contre le Real Murcie, le Gimnástic et le Girona FC.

– Allez, il faut faire commencer Griezmann, se plaignent les supporters de la Sociedad.

À nouveau, Lasarte accède à leurs demandes. À domicile à l'Anoeta, il sélectionne Antoine comme titulaire contre le SD Huesca.

Antoine est impatient, il veut jouer davantage. Il ne tiendra peut-être pas les quatre-vingt-dix minutes au complet, mais il va se créer un maximum d'occasions pour marquer des buts. Il veut exciter, divertir et, bien sûr, gagner. Sa famille sera là pour le voir jouer, après tout.

– Es-tu prêt pour ça ? lui demande son partenaire en attaque, Imanol Agirretxe, tandis que les deux équipes s'alignent dans le tunnel.

– Tu parles que je le suis, répond Antoine en toute confiance.

Il peut déjà entendre le bruit de la foule, et il veut leur donner de quoi crier. Pendant les trente premières minutes, Antoine lutte pour entrer dans la partie. Toutes les attaques de la Sociedad partent sur l'aile droite.

– Par ici ! indique-t-il à ses coéquipiers en multipliant les appels de balle avec les hectares d'espace laissés sur la gauche.

Finalement, Antoine reçoit la passe qu'il attendait. Parfait, c'est le moment de briller. Les défenseurs de la Huesca savent déjà tout sur son joli pied gauche, mais sont-ils aussi au courant de son brillant pied droit ?

Pas encore ! Antoine coupe par l'intérieur et d'un tir rapide prend tout le monde par surprise. La balle siffle puissamment en passant le gardien, droit vers le coin inférieur gauche.

Buuuuuuuuuuuuuuuuuuuuuuuuuuuuuuuuuuuuuu uuuuuuuuuuuuuuuuuuuuuuut !!!

Quelle frappe ! Antoine n'en est qu'à ses débuts professionnels pour la Sociedad, et il marque son premier but. Il est lancé ! C'est une sensation incroyable qu'il ne va jamais oublier. Il court droit vers le point de corner, en agitant frénétiquement les bras. Les célébrations démentes d'Antoine apparaissent un peu plus tard dans sa carrière. À la place, il se tient juste devant les fans et embrasse l'écusson du club sur son maillot.

– Je savais que tu marquerais aujourd'hui, rit Agirretxe en serrant Antoine dans ses bras. Et ce sera le premier d'une longue liste, mon pote. Félicitations !

Chapitre 12

LA NOUVELLE STAR DE LA SOCIEDAD

Qu'est-ce qui attend le nouveau numéro 27 de la Sociedad ? Eh bien, Antoine est toujours une star – et son équipe continue de gagner. Plus personne n'est sceptique ; au contraire, tout le monde l'adore.

Contre Salamanque, en octobre 2009, Xabi Prieto frappe un rapide coup franc vers Dani Estrada, qui centre la balle dans les six mètres. Antoine se précipite avec Agirretxe et arrive juste à temps. 1-0 !

Buuuuuuuuuuuuuuuuuuuuuuuuuuuuuuuuuuuu uuuuuuuuuuuuuuuuuuuuuut !!!

Bien qu'il ne soit encore qu'un gamin, il s'est déjà fixé un nouveau défi : ramener la Sociedad en Liga, la Première Division du foot espagnol. La saison prochaine, Antoine veut jouer contre Barcelone et le Real Madrid et leurs superstars Lionel Messi et Cristiano Ronaldo.

Seules les trois meilleures équipes de la Deuxième Division se verront promues, toutefois, et après deux défaites surprises, la Sociedad commence à glisser dans le classement. Devront-ils attendre encore une année ?

– Pas question ! déclare Antoine. Je ne vais pas abandonner maintenant.

Contre le Recreativo de Huelva, Antoine fonce sur l'aile gauche et bondit au-dessus d'un tacle glissé. En dribblant jusque dans la surface de réparation, il lève les yeux et centre sur Agirretxe. Mais juste au moment où l'attaquant paraît sûr de marquer, le gardien étend son bras et repousse la balle.

– Ohhhhhhhhhhhhhhhhhhh ! grognent les joueurs de la Sociedad et les supporters du stade Anoeta.

Puis, juste avant la mi-temps, Antoine brosse un superbe coup franc dans les six mètres, mais la tête d'Ion Ansotegi rebondit sur le poteau.

– Ohhhhhhhhhhhhhhhhhhh ! grognent-ils à nouveau.

Alors qu'il ne reste plus que vingt minutes, la Sociedad n'a toujours pas marqué. Un match nul ne suffira pas ; ils doivent gagner ! La pluie tombe à verse, mais Antoine continue de se battre. Tout ce qu'il lui faut, c'est une bonne occasion...

Il passe à toute vitesse le défenseur du Recreativo et attrape une passe au bord de la surface. C'est ça ; il doit juste rester calme. Antoine attend que les défenseurs arrivent sur lui, avant de tirer pile entre les jambes du gardien.

Buuuuuuuuuuuuuuuuuuuuuuuuuuuuuuuuuuuuuu uuuuuuuuuuuuuuuuuuuuuuut !!!

Le jeune Antoine de dix-huit ans vient de sauver la Sociedad. Il est le héros du jour ! Alors comment peut-il célébrer ce grand moment ? Il saute par-dessus les panneaux de publicité et repère une place vide. Il s'assoit sur le siège et commence à applaudir comme n'importe quel supporter !

– T'es un fou, gamin, crie son coéquipier Carlos Bueno, et on t'adore pour ça !

La Sociedad se place dans le trio de tête pour le reste de la saison, et Antoine joue presque tous les matchs en entier. En plus, il tire les coups francs et les corners comme son héros, David Beckham. C'est une expérience incroyable pour un footballeur aussi jeune. Il a le soutien de son entraîneur, de ses coéquipiers et des fans. Ils sont sa seconde famille et lui donnent la confiance nécessaire pour déployer ses talents.

Quand une passe croisée arrive de l'aile droite, Antoine ne se donne pas la peine de contrôler la balle et la frappe directement de volée de son pied droit.

Buuuuuuuuuuuuuuuuuuuuuuuuuuuuuuuuuuuuuuu uuuuuuuuuuuuuuuuuuuuuut !!!

Wow, quelle superbe frappe ! En courant vers le poteau de corner, Antoine saute très haut en l'air.

Sa réputation s'accroît. Son nom circule rapidement grâce au bouche-à-oreille. Des recruteurs arrivent de toute l'Europe pour observer Antoine en action, et ils aiment ce qu'ils voient. Antoine est sollicité par Lyon, Arsenal et même l'ancien club de Beckham, Manchester United ! Oui, Antoine est un homme recherché, et la Sociedad doit agir vite si elle veut le garder.

Bientôt, il signe un nouveau contrat de cinq ans avec le club. Et si l'une des équipes de premier plan veut vraiment l'acheter, ils devront débourser les trente millions d'euros de sa clause libératoire.

– Parfait, allons remporter le championnat désormais ! se félicite Antoine.

Alors qu'il reste encore quatre matchs à jouer, la Sociedad se place tout en haut du classement, mais elle ne devance Levante qu'à la différence de buts. Pour être sacrés champions, Antoine et ses coéquipiers doivent gagner les prochains matchs et espérer que Levante perde.

La Sociedad bat le Villarreal B et Levante l'emporte sur le Rayo Vallecano. Les deux équipes sont à égalité avec soixante-huit points.

– Pas besoin de paniquer, dit Lasarte à ses joueurs. Jouez comme d'habitude et on aura ces trois points !

Antoine est totalement focalisé sur son objectif : la Liga. À l'extérieur à Cadiz, il expédie un autre fantastique coup franc, et Carlos met une superbe tête. BUT ! La Sociedad l'emporte 3-1, et leur week-end s'embellit quand Levante perd. Les voilà seuls en tête avec trois points d'avance. S'ils battent le Celta Vigo, le titre de Deuxième Division sera à eux !

Le stade d'Anoeta est absolument plein à craquer pour le plus grand match de l'année. Partout où se porte le regard d'Antoine, il voit les couleurs de la Sociedad.

Des maillots rayés bleu et blanc.

Des écharpes rayées bleu et blanc.

Des bannières rayées bleu et blanc.

Et même des visages rayés bleu et blanc !

Les supporters sont nerveux, mais c'est avec fierté qu'ils chantent haut et fort l'hymne du club.

¡ Vamos Real !

Quelle ambiance ! Si la Sociedad gagne, ce sera la fête dans les rues de Saint-Sébastien. Ils ne peuvent pas décevoir les fans maintenant…

Le Celta démarre fort, mais la Sociedad reprend la main progressivement. Tôt dans la seconde mi-temps, Carlos passe rapidement à Antoine, et celui-ci dribble devant à toute vitesse.

– Allez ! Allez ! l'encouragent les fans.

On y est ; c'est sa chance de remporter un titre pour son équipe. Mais, alors qu'Antoine, entre dans la surface de réparation, un défenseur arrive et le déséquilibre.

– Faute ! crie-t-il alors qu'il reste là, étalé dans l'herbe.

Quand l'arbitre indique le point de penalty, le stade explose.

– On va être champions ! crient les fans surexcités.

Xabi prend son élan et…

Buuuuuuuuuuuuuuuuuuuuuuuuuuuuuuuuuuuuuuuuuuuuuuuuuuuuuuuuuuut!!!

1-0 !

La Sociedad est si proche de la victoire à présent. Peuvent-ils conserver leur avance ? Dix minutes plus tard, Antoine se bat bravement au second poteau pour placer une tête. Trop petit pour être une star ? C'est faux ! Il saute le plus haut et remet la balle dans les pieds de Carlos pour qu'il marque.

2-0 !

Quelle merveilleuse façon pour Antoine de finir son incroyable première saison ! Six buts, plein d'occasions fantastiques, et maintenant, le titre de Deuxième Division espagnole. C'est au-delà de ses rêves d'enfance les plus fous.

Dès que retentit le coup de sifflet final, les joueurs de la Sociedad sont en liesse et Antoine, bien sûr, est au centre de toutes les célébrations. À peine a-t-il fini de glisser sur le gazon qu'il se retrouve à danser sur les épaules de Franck Songo'o. Il se sent comme Superman. C'est de loin la plus belle nuit de sa vie.

On est les champions! Allez! Allez! Allez!

Hélas, Antoine ne profite pas longtemps de ce moment. Il n'y aura pas de vacances d'été pour lui cette année, pas de repos bien mérité. À la place, après avoir remporté le championnat en Espagne, il rentre en France pour le championnat d'Europe des moins de dix-neuf ans, car il doit maintenant charmer par son talent tout un pays : le sien!

Chapitre 13

L'ÉTOILE MONTANTE DE L'ÉQUIPE DE FRANCE

Après une saison victorieuse en Espagne, Antoine attire l'attention de sa patrie. Il se trouve que son pays ne l'a pas oublié. C'est l'entraîneur de l'équipe de France des moins de dix-neuf ans, Francis Smerecki, qui lui annonce la grande nouvelle de sa première sélection internationale. Même si Antoine n'habite plus en France, sa famille y réside, et il se sent encore français. Mâcon est son foyer et le sera toujours, peu importe où il jouera en club. Par conséquent, c'est un immense honneur pour lui de représenter son pays. Antoine est impatient de porter le célèbre maillot bleu.

Dès le second match des moins de dix-neuf ans, il marque le but de la victoire contre l'Ukraine. Smerecki en a assez vu : il inscrit Antoine dans son équipe pour le championnat d'Europe des moins de dix-neuf ans.

– Ça ne me dérange pas de sacrifier mes vacances d'été pour ça, plaisante Antoine avec son frère Théo. Jouer pour son pays, c'est quand même quelque chose !

Avec l'Espagne, la France part favorite du tournoi. Ils ont l'avantage du terrain et aussi une excellente équipe. Parmi leurs attaquants, il y a trois petits génies : Gaël Kakuta de Chelsea, Alexandre Lacazette de Lyon et Antoine de la Sociedad.

Quand l'équipe de France senior se fait éliminer lors du tout premier tour de la Coupe du monde 2010, il y a encore plus de pression sur les moins de dix-neuf ans pour qu'ils soient performants.

– Allons soulever ce trophée ! les exhorte Smerecki.

La France a perdu en demi-finale en 2007 et 2009. Cette fois-ci, ils sont assez bons pour aller jusqu'au bout.

Mais quel rôle Antoine va-t-il jouer là-dedans ? Il est le nouveau gamin de l'équipe, et les autres le surnomment « l'Espagnol ». Ce n'est pas un surnom méchant, mais il ne se sent pas très intégré. La plupart de ses coéquipiers jouent dans des clubs français, et ils s'affrontent sur le terrain depuis des années. Beaucoup d'entre eux faisaient partie de l'équipe de France des moins de dix-sept ans quand elle a perdu contre l'Espagne en finale de l'Euro deux ans plus tôt. Antoine devra juste travailler sans relâche s'il veut s'imposer dans l'équipe. Il est doué pour ça.

La France démarre très fort. Lors de leur premier match, ils écrasent les Pays-Bas 4-1. Antoine ne marque pas, mais il le fait lors du deuxième match contre l'Autriche. Il marque deux buts, tout comme Alexandre, et la France l'emporte 5-0.

– On est juste trop chauds ! plaisantent-ils en célébrant cette victoire.

Antoine s'amuse comme un fou. Le petit gamin maigrichon de Mâcon est bien parti pour devenir une superstar.

– Griezmann, souvenez-vous de ce nom ! clame fièrement son père à la foule.

La France est en feu ! Quelle équipe pourra les arrêter ? La Croatie fait de son mieux pour les battre et prend la tête dans la demi-finale, mais ça ne dure pas longtemps. Gaël égalise, et puis Cédric Bakambu marque le but de la victoire dans les derniers instants.

– Oui, t'es un dieu – on est en finale ! le félicite Antoine en courant derrière lui.

En finale, leur adversaire sera l'Espagne, le deuxième pays d'Antoine. Il a vu quelques joueurs espagnols en action et il sait à quel point ils peuvent être dangereux. Thiago Alcántara est un véritable magicien au milieu de terrain et Rodrigo peut marquer dans n'importe quelle position. C'est peut-être l'adversaire le plus redoutable pour la France.

– Nous n'avons rien à craindre ce soir, dit Smerecki à ses joueurs avant le gros coup d'envoi à Caen. Jouez comme d'habitude et faites la fierté de votre pays !

Antoine est déterminé à devenir un héros national. Dès le début du match, il est sur tous les ballons et multiplie les appels de balle.

Malheureusement, Antoine ne touche quasiment pas le ballon, car l'Espagne a le dessus. Ils marquent en premier et manquent de mettre un second but dans la foulée.

La France doit rapidement revenir au score avant qu'il ne soit trop tard. Leur public est derrière eux, mais ils perdent la bataille sur le terrain.

– Qu'est-ce qui ne va pas ? demande Smerecki à Antoine à la mi-temps, en voyant son ailier gauche grimacer de douleur.

– C'est rien, le rassure Antoine. Ma cheville me fait un peu mal, mais je peux continuer sans problème.

Antoine veut absolument continuer à jouer, mais son entraîneur le remplace par Yannis Tafer. C'est un coup dur pour lui, mais il n'est pas vexé pour autant. Le collectif avant tout ! S'il ne peut pas aider la France sur le terrain, il encouragera ses coéquipiers depuis le banc de touche.

Quand Yannis sert Gilles Sunu et égalise à 1-1, Antoine saute de son siège à l'unisson des supporters français. Il lève son poing en l'air avec passion. La France est de retour dans le match !

C'est une finale fascinante entre deux équipes talentueuses, mais il ne peut y avoir qu'un vainqueur… La France !

Quand son ami Alexandre met le but de la victoire de la tête, Antoine boitille jusqu'à la ligne de touche pour participer à la grande accolade.

– Félicitations, je savais qu'on pouvait y arriver, crie-t-il joyeusement.

L'équipe de France des moins de dix-neuf ans est championne d'Europe ! Gagner est un travail d'équipe, et chacun a fait sa part. Antoine n'a pas été le héros de la finale, comme il l'espérait, mais il a suffisamment bien joué pour faire partie de l'équipe du tournoi avec Gaël et Cédric.

Avec une médaille de vainqueur autour du cou et le trophée étincelant dans les mains, Antoine se sent le roi du monde. Sa vie lui réserve-t-elle d'autres belles surprises ? Assurément ! L'Euro des moins de dix-neuf ans n'est que le début des aventures internationales d'Antoine avec l'équipe de France et les prémices d'une carrière légendaire !

Chapitre 14

ILLUMINER LA LIGA

Quand il revient en Espagne après son succès à l'Euro, Antoine doit rattraper son retard. La Real Sociedad lui propose de prendre deux semaines de congé, mais après seulement quelques jours, il est impatient de revenir sur le terrain.

– Est-ce que je peux revenir plus tôt ? demande Antoine à Lasarte. S'il te plaît, je m'ennuie tellement !

De plus, il ne veut pas rater le stage de pré-saison. Et si quelqu'un d'autre captait l'attention de l'entraîneur en son absence ?

La Sociedad joue en Liga à présent, contre des équipes de très haut niveau comme Barcelone et le Real Madrid. Alors peut-être que Lasarte aimerait trouver un ailier plus expérimenté…

Je suis de retour, voudrait crier Antoine au monde entier. *Vous vous souvenez de moi ?*

Il y a plusieurs nouveaux visages au club. La Sociedad a signé deux attaquants, deux milieux de terrain offensifs et un ailier gauche. Antoine va être en compétition avec la nouvelle recrue, Francisco Sutil.

– Ne t'inquiète pas, Antoine ! le rassure Lasarte. Si tu joues comme la saison dernière, tu garderas ta place sans problème !

La concurrence est bénéfique pour Antoine : il donne toujours le meilleur de lui-même dans ce genre de situation. Avec le soutien de son entraîneur et son numéro 7 préféré, il est prêt à passer à l'action. Il va faire ses débuts en Liga contre... le Real Madrid !

Reste cool, tente de se convaincre Antoine.

Mais voilà, c'est le moment qu'il attend depuis toujours ! Il en rêve depuis qu'il a rejoint la Real Sociedad alors qu'il n'était encore qu'un petit garçon maigrichon. Antoine a enfin l'occasion de se mesurer aux meilleurs joueurs.

Au cours de la première mi-temps, deux opportunités se présentent à lui. D'abord, il se faufile derrière Sergio

Ramos qui rêvassait, pour reprendre le centre croisé de Xabi.

– Nous y voilà, hurlent les fans de la Sociedad, se mettant debout sous l'effet de l'excitation.

C'est le moment de placer une tête devant les buts, et s'il la marque, Antoine sera à jamais le héros du club. Malheureusement, il rate son action. Il met bien trop de puissance dans la tête et la balle vole loin au-dessus de la transversale.

– Non ! Mais quel gâchis ! hurle-t-il, giflant l'air de ses mains.

Quelques minutes plus tard, Raúl Tamudo lui adresse une superbe passe en profondeur, et Antoine dépasse à nouveau Ramos en sprintant.

Allez, c'est maintenant ! Les fans de la Sociedad sont à nouveau debout. Cette fois-ci, ils sont encore plus excités parce que la balle est dans les pieds d'Antoine, plutôt que sur sa tête. Comment pourrait-il manquer la cible ? Antoine la contrôle d'un seul toucher de balle, puis BANG ! Seulement, au lieu de faire confiance à son pied droit, il la frappe bizarrement de l'extérieur du pied gauche. La balle siffle juste à l'extérieur du poteau.

– Non ! Pas encore ! hurle-t-il, furieux.

Il se tient là, paralysé, avec sa tête dans les mains, de même que ses coéquipiers.

Oh, mon Dieu, est-ce que son entraîneur va être fou de rage contre lui ? Non, à la mi-temps, Lasarte ne ménage pas ses encouragements.

– Continue, tu leur causes toutes sortes de problèmes ! dit-il à Antoine.

C'est le Real qui marque le premier, mais la Sociedad égalise immédiatement, et c'est grâce à Antoine, leur homme dangereux. Il sert Raúl avec un coup franc pétillant fantastique. 1-1 !

Au final, Ronaldo donne la victoire à son équipe grâce à l'un de ses fameux coups francs, mais Antoine ne se laisse pas abattre. Il a maintenu sa place au plus haut niveau. Il peut désormais rivaliser avec les meilleurs joueurs au monde.

Antoine a délivré sa première passe décisive en Liga, mais qu'en est-il de son premier but en Liga ? Match après match, il est de plus en plus impatient de marquer, et ça ne l'aide pas du tout. Il force ses tirs et ne s'applique pas suffisamment.

– N'y pense pas, lui répond Raúl, quand Antoine lui demande conseil. Tu joues bien et c'est ce qui compte.

Son premier but en Liga contre le Deportivo La Corogne n'est pas une frappe très spéciale. Sa célébration, en revanche, l'est. Il saute par-dessus les panneaux de publicité à l'Anoeta et repère alors une voiture vide garée derrière le but.

– Suivez-moi, lance-t-il à ses coéquipiers.

Antoine se met sur le siège avant et commence à tourner le volant comme s'il conduisait la voiture ! Ses coéquipiers remplissent rapidement les sièges passagers.

– Grizi, t'es un fou, crie Xabi, et on t'adore pour ça !

Maintenant qu'il a conjuré le sort, Antoine peut illuminer la Liga par son talent et ses célébrations de showman ! Son entraîneur tient parole, et Antoine conserve sa place dans l'équipe de la Sociedad. Francisco qui ? Lasarte sait qui est son meilleur ailier gauche.

Antoine marque lors de victoires importantes sur Malaga et Getafe, et il fait des passes décisives contre Séville et l'Atlético Madrid. Quelle superstar !

Il sait que son rôle principal est d'assurer le maintien de la Real Sociedad, mais il adore divertir le public chaque fois qu'il le peut. Pour lui, le foot, c'est gagner et s'amuser. Quand il marque son second but contre le Sporting Gijón, il célèbre en se tenant debout à côté de l'un des stewards du stade.

– J'adore ce club ! dit Antoine, en regardant les fans danser et chanter.

À tout juste dix-neuf ans, il apprend à être le meilleur en jouant contre les meilleurs. La Liga est la meilleure formation footballistique possible !

Plus tard dans la saison, le Barcelone de Messi assomme la Sociedad 5-0 au Nou Camp, mais c'est une tout autre histoire à domicile à l'Anoeta. Antoine et ses coéquipiers se battent alors qu'ils sont menés 1-0. Ils égalisent, puis prennent l'avantage et s'imposent contre les premiers au classement.

2-1!

– On l'a fait ! crient joyeusement les joueurs, en se serrant dans les bras. On reste dans l'élite !

C'est une victoire historique qui sauve la Sociedad d'une relégation en Deuxième Division.

L'année suivante, lors de la saison 2011-12, les stars barcelonaises reviennent à l'Anoeta, avides de prendre leur revanche.

Alexis Sánchez passe à Xabi.

1-0!

Xabi passe à Cesc Fàbregas.

2-0!

Est-ce déjà fini ? Après seulement douze minutes de jeu ? Les supporters de la Sociedad craignent le pire, mais sur le terrain, leurs joueurs s'accrochent, tentent d'imposer leur jeu et de ne pas céder à la pression incroyable que leur impose le Barça !

Xabi centre sur Agirretxe.

2-1!

– On peut le faire ! crie Antoine.

Le prochain tir d'Agirretxe frappe la transversale, mais Antoine a bien suivi.

Buuuuuuuuuuuuuuuuuuuuuuuuuuuuuuuuuuuu uuuuuuuuuuuuuuuuuuuuuut !!!

2-2!

Quel come-back ! Même quand Messi entre en jeu, la Sociedad ne lâche pas un pouce de terrain.

Au coup de sifflet final, Antoine lève le poing en l'air avec passion. Il a trouvé sa place – au plus haut niveau de la Liga, faisant jeu égal avec Messi et Ronaldo, des légendes vivantes !

Chapitre 15

DES HAUTS ET DES BAS EN ÉQUIPE DE FRANCE

Les vainqueurs français de l'Euro des moins de dix-neuf ans sont vite repartis pour une autre grande aventure internationale, celle de la Coupe du monde des moins de vingt ans en Colombie.

Yeahhhh!

Antoine est surexcité alors que l'équipe s'envole pour la Colombie. Il est impatient de jouer son premier match. La Coupe du monde des moins de vingt ans est un tournoi très spécial avec une histoire prestigieuse. Diego Maradona en a été le joueur star en 1979, puis Messi en 2005, et Sergio Agüero en 2007. Au tour d'Antoine en 2011 ? Avec un peu de chance ! Il est prêt à briller devant les yeux du monde entier.

Pour son premier match, la France affronte la Colombie, le pays organisateur. Leur entraîneur les alerte sur l'ambiance qui va régner avant le coup d'envoi.

– Ça va être vraiment fort ce soir, dit Smerecki, ne vous laissez pas déconcentrer par les huées des supporters colombiens, OK ?

– Oui, coach !

Quand Gilles Sunu marque, la France semble se diriger vers une victoire facile. Mais à la place, ils se font massacrer par James Rodríguez et Luis Muriel. Antoine n'en croit pas ses yeux. Les buts n'arrêtent pas de défiler.

1-1, 2-1, 3-1, 4-1 pour la Colombie !

C'est un résultat vraiment embarrassant pour la France, mais la Coupe du monde vient à peine de commencer. S'ils remportent leurs deux matchs suivants, ils se qualifieront quand même pour le prochain tour.

France 3-1 Corée du Sud

France 2-0 Mali

Mission accomplie ! Ils sont au second tour, mais ça ne satisfait pas Antoine. Jusqu'ici, il n'a pas marqué un seul but ni fait une seule passe décisive. C'est sa plus mauvaise performance depuis longtemps.

– Vous jouez mieux quand je ne suis pas sur le terrain, les gars, lâche Antoine, bougon.

– N'importe quoi ! répond Gaël. On a besoin de toi, Grizi. Ça va venir, ne t'inquiète pas !

Antoine manque de marquer au cours de la première mi-temps contre l'Équateur. Son coup franc passe juste au-dessus du mur, et file un peu à l'extérieur du poteau.

– Presque ! gémit-il.

Les minutes passent et la France n'arrive toujours pas à marquer le but décisif. Antoine multiplie les passes lumineuses pour Clément Grenier et Cédric Bakambu, mais tous deux ratent la cible.

Ça ne suffit pas. Il va falloir qu'Antoine marque le but de la victoire lui-même, et il ne lui reste que peu de temps pour le faire. S'il n'agit pas rapidement, Smerecki va le remplacer. Gaël et Alexandre sont sur le banc, et ils ne demandent qu'à rentrer.

C'est maintenant où jamais, s'encourage intérieurement Antoine.

Alors qu'il se positionne à la réception d'un autre ballon long, les défenseurs équatoriens crient « HORS JEU », mais le drapeau du juge de touche ne bouge pas.

Antoine se retrouve seul face au but, en un contre un avec le gardien ! Son premier tir est contré, mais pas le second.

Buuuuuuuuuuuuuuuuuuuuuuuuuuuuuuuuuuuuu uuuuuuuuuuuuuuuuuuuuuut !!!

Antoine a réussi : le héros du jour, c'est lui ! Il court célébrer son but avec les remplaçants. Gagner est un effort collectif, après tout.

Au coup de sifflet final, les joueurs français s'étreignent et se congratulent. Grâce à Antoine, ils sont en demi-finale ! Le Portugal est désormais la dernière équipe à se dresser entre la France et la finale de la Coupe du monde des moins de vingt ans.

– Allez, on est si proches ! harangue Smerecki.

Mais malheureusement, la France concède deux buts en première mi-temps, et cette fois, ils n'arrivent pas à revenir au score. En dépit des efforts d'Antoine, son rêve de Coupe du monde disparaît… pour l'instant.

– C'est pas grave, dans quelques années, on jouera dans le tournoi senior, déclare Alexandre alors qu'ils remercient les fans français dans le stade. Rendez-vous à la Coupe du monde 2014, frangins !

Antoine hoche la tête et parvient à esquisser un léger sourire. C'est décevant, mais ce n'est qu'un raté sur la voie de son ambition internationale. Des moins de vingt ans, il passe vite aux moins de vingt et un ans, et de là, il ne reste qu'une petite marche pour intégrer l'équipe senior. Mais quelle marche ! À cause de cette stupide défaite, il doit attendre presque trois ans avant de faire ses débuts sous le maillot bleu.

En octobre 2012, l'équipe française des moins de vingt et un ans affronte la Norvège en éliminatoires pour l'Euro 2013. Après leur victoire à domicile sur le score de 1-0, l'ambiance est à la fête.

– Hé, on n'est qu'à mi-chemin, les prévient le sélectionneur Erick Mombaerts. On doit encore s'imposer au match retour en Norvège la semaine prochaine.

Malheureusement, certains membres de l'équipe ne l'écoutent pas.

Cinq jeunes joueurs décident de sortir en douce de l'hôtel pour aller faire la fête, et Antoine est de la partie. Quand Mombaerts le découvre le lendemain, il est furieux.

– Vous êtes censés être des footballeurs professionnels ! hurle le sélectionneur des moins de vingt et un ans. Nous avons un match dans trois jours, c'est uniquement à ça que vous devriez penser plutôt qu'à faire la fête. Vous avez laissé tomber votre pays et vous-mêmes.

Ce second match est un désastre total pour la France. À vingt minutes de la fin, la Norvège mène 5-1. Antoine entre sur le terrain et marque, mais c'est trop tard. La France ne jouera pas l'Euro 2013.

Antoine est très embarrassé. Il a commis une erreur stupide, et c'est toute l'équipe qui est pénalisée. C'est une leçon importante pour un jeune joueur.

– Ça n'arrivera plus, promet-il à Mombaerts.

Un mois plus tard, cependant, Antoine est exclu pour un an de la sélection.

– Non, ce n'est pas possible, ce n'est pas juste ! proteste-t-il, mais c'est inutile.

Il ne lui reste qu'à accepter sa punition et prendre son mal en patience.

– Tu pourrais jouer pour le Portugal à la place, suggère un jour Théo, au cours de cette année difficile.

En effet, grâce à leur grand-père Amaro, c'est toujours une possibilité pour Antoine. Il y songe brièvement, mais pas très longtemps. Il est né en France et se sent à 100 % français. Et en plus, il est déterminé à marcher dans les pas de ses idoles, les héros de 1998 : Barthez, Lizarazu, Henry, et plus que tous, Zidane.

Antoine n'a plus qu'à attendre son tour. Bientôt, ce sera peut-être lui la nouvelle superstar de l'équipe de France.

Chapitre 16

LA SUPERSTAR DE LA SOCIEDAD

Alors qu'il attend de faire son retour en équipe nationale, Antoine continue de briller pour son club, la Real Sociedad. Les fans adorent leur petit magicien français, ou le « Diablotin » comme ils l'appellent à présent.

Chaque saison, Antoine s'améliore. Après avoir marqué sept buts la première année, il en marque huit la deuxième, et onze la troisième.

Antoine marque plus de buts, et ils sont décisifs, comme lors des deux derbys locaux remportés contre l'Athletic Bilbao, et dans un match nul palpitant contre le Real Madrid. Cette fois-ci, quand le centre lui arrive au second poteau, Antoine saisit sa chance.

Buuuuuuuuuuuuuuuuuuuuuuuuuuuuuuuuuuuuuu uuuuuuuuuuuuuuuuuuuuuut !!!

– Allez ! rugit Antoine en sautant de joie.

Avec encore un match à jouer, la Sociedad est cinquième du championnat, à deux points derrière Valence. Si l'équipe se maintient à cette place, elle se qualifiera pour la Ligue Europa. Mais en obtenant la quatrième place du classement, ils se qualifieront pour la plus grande compétition : la Ligue des champions.

– Il faut qu'on gagne ! dit Antoine à ses coéquipiers avant leur dernier match contre le Deportivo La Corogne.

Jouer en Ligue des champions est le rêve d'enfance d'Antoine. Quand il était jeune à Mâcon, il regardait Nedvěd, Zidane et Beckham, toutes ses vedettes préférées, sur la plus grande scène du foot, et aujourd'hui, c'est peut-être son tour.

La Sociedad est si proche et Valence sort d'un déplacement difficile à Séville. Tout peut arriver...

Mais chaque chose en son temps : la Sociedad doit d'abord battre le Deportivo.

Carlos Vela dribble à travers la défense et tente un tir, mais le gardien réalise un arrêt facile.

– Pas de bol ! applaudit Antoine pour encourager son coéquipier.

Au bout de vingt minutes, les ailiers stars de la Sociedad échangent leurs positions. À gauche, Carlos prend la balle et la passe à Agirretxe.

– Par ici, appelle Antoine, agitant les bras en l'air pour montrer l'espace vide autour de lui sur la droite.

Agirretxe décide de le frapper lui-même, mais le rebond arrive directement dans les pieds d'Antoine. C'est le moment – l'occasion rêvée d'être le héros qui propulsera la Sociedad en Ligue des champions ! Alors que le gardien fonce le long de sa ligne, Antoine vise froidement le coin opposé. La balle effleure le poteau dans sa course vers le fond des filets.

Buuuuuuuuuuuuuuuuuuuuuuuuuuuuuuuuuuuuuuu uuuuuuuuuuuuuuuuuuuuuut !!!

Il n'y a pas de célébration cool – pas encore. Antoine garde ça pour quand ils seront sûrs de disputer la Ligue des champions. À la mi-temps, tout semble au beau fixe. La Sociedad mène 1-0 et Valence perd par 2-1.

La Sociedad ne creuse pas l'écart, mais conserve son avantage. Valence, entre-temps, s'incline 4-3 contre Séville... Alors que l'arbitre donne le coup de sifflet final, Antoine envoie la balle loin dans les tribunes.

– On l'a fait, hurle-t-il en levant triomphalement les bras en l'air.

Agirretxe est le premier à courir sur lui et le serrer dans ses bras.

– T'es une légende du club, à présent ! crie-t-il.

Grâce au but d'Antoine, la Sociedad termine en quatrième place de la Liga. La saison prochaine, ils joueront la Ligue des champions !

Ils ne seront toutefois pas qualifiés directement pour la phase de groupe. Ils devront d'abord remporter un match de barrage contre... Lyon ! L'équipe qu'Antoine supportait enfant, celle-là même qui a décidé qu'il était trop petit pour être une star ! Il est impatient de leur montrer quelle erreur monumentale ils ont faite.

Pour le match aller, Antoine rentre en France et retourne au Stade de Gerland où son père l'avait emmené voir son tout premier match de foot.

– Bonne chance ! dit-il à son ami de l'équipe de France des moins de vingt ans, Alexandre Lacazette.

Cette fois, ils vont jouer l'un contre l'autre.

– Ouais, que le meilleur gagne ! répond Alexandre.

Antoine va s'assurer que ce sera la Real Sociedad. Il a même teint ses cheveux en blond platine pour l'occasion.

En début de première mi-temps, Carlos fonce sur l'aile gauche et cherche à centrer. Y a-t-il quelqu'un à la réception ? Oui, Antoine fonce droit dans la surface de réparation... La balle est dans son dos, mais en un éclair, Antoine vrille son corps et dans un geste spectaculaire, saute et balance son pied gauche devant. *BANG!* Son retourné acrobatique est parfait. La balle termine son chemin dans le coin inférieur du filet avant que le gardien n'ait pu esquisser un mouvement.

Buuuuuuuuuuuuuuuuuuuuuuuuuuuuuuuuuuuu uuuuuuuuuuuuuuuuuuuuuut!!!

Pour son retour à Lyon, Antoine vient juste de marquer son plus beau but ! Avec l'adrénaline qui coule dans ses veines, il a l'impression d'être une superstar – non, un superhéros. Il court se jeter dans les bras de Carlos.

– Oui, oui, OUI !

En seconde mi-temps, Haris Seforović marque un autre super but pour la Sociedad.

– Il est presque aussi beau que le mien, plaisante Antoine, en le célébrant avec lui.

Score final 2-0, et huit jours plus tard, la Sociedad s'impose à nouveau par 2-0 en Espagne. À domicile à l'Anoeta, Antoine ne marque pas, mais fait une passe décisive à Carlos. La Sociedad est qualifiée pour la phase de groupe de la Ligue des champions ! Leurs adversaires seront le Shakhtar Donetsk, le Bayer Leverkusen et l'ancien club de David Beckham, Manchester United !

– Allez, qu'ils viennent, dit Antoine avec un sourire insolent.

Le Diablotin est prêt à offrir aux meilleurs défenseurs d'Europe un aller-retour en enfer. Malheureusement, ça ne se passe pas comme prévu. La première expérience d'Antoine en Ligue des champions s'avère catastrophique. La Sociedad perd cinq de ses six matchs, et ne marque qu'un but, un penalty tiré par Carlos.

Contre Manchester United, Antoine frappe un coup franc puissant et bien enroulé, mais la balle heurte le poteau.

Si près du but!

– Bon ben, ce sera pour la prochaine fois, se dit-il en quittant le terrain d'Old Trafford après une défaite 1-0.

Il ne baissera jamais les bras et vivra d'autres aventures en Ligue des champions.

Chapitre 17

LA COUPE DU MONDE 2014

Début 2014, l'interdiction de jouer pour la France est finalement levée. La stupide erreur d'Antoine est enfin derrière lui ! Il lui reste maintenant six mois pour faire ses preuves et intégrer l'équipe senior avant le début de la Coupe du monde 2014 au Brésil.

Or, le premier match international de l'année n'aura pas lieu avant mars. Il devra simplement continuer à briller avec la Real Sociedad et espérer que le sélectionneur national le remarque. Heureusement, Didier Deschamps suit Antoine avec beaucoup d'attention. Il voit sa frappe formidable contre l'Athletic Bilbao, son lob insolent et sa tête puissante contre Elche et sa merveilleuse performance face au Barça de Messi.

Alors que le score est de 1-1, Carlos centre sur Antoine qui glisse devant pour lober la balle par-dessus Victor Valdès, le gardien du Barça.

Buuuuuuuuuuuuuuuuuuuuuuuuuuuuuuuuuuuuu uuuuuuuuuuuuuuuuuuuuuut!!!

Cinq minutes plus tard, Antoine est à l'origine du troisième but de la Sociedad avec une passe parfaite pour David Zurutuza.

Deschamps est très impressionné. Antoine peut jouer aux trois positions d'attaque : ailier droit, ailier gauche, ou même buteur ! Cela fait de lui une recrue très utile. Quand l'entraîneur annonce sa liste des joueurs retenus pour le match contre les Pays-Bas, il y a un nouveau nom aux côtés de Franck Ribéry, Olivier Giroud et Karim Benzema.

Antoine Griezmann !

– Je suis sélectionné ! annonce immédiatement Antoine à sa famille.

– Félicitations, nous sommes tellement fiers de toi, s'émeuvent ses parents.

– Qu'est-ce que je vous disais, rit Théo. Ce n'était qu'une question de temps.

Antoine réalise là un de ses plus grands rêves, mais il ne se contente pas de faire ses premiers pas à l'international comme remplaçant, il est titulaire. Avec Franck Ribéry blessé, les trois attaquants français sont Karim Benzema au centre, Mathieu Valbuena à droite, et Antoine à gauche. Quel moment intense ! Toute sa famille est là au Stade de France pour le grand jour.

– On t'aime, Antoine, l'encouragent-ils fièrement.

Antoine est très ému avant d'entrer sur le terrain en portant le célèbre maillot bleu. À peine entend-il les premières notes de l'hymne national que les larmes lui montent aux yeux.

Pas maintenant, se dit-il, *c'est le moment que j'attendais.*

Mathieu centre sur Antoine, qui la remet aussitôt à Karim de volée. La tête de ce dernier s'apprête à rentrer, mais le gardien la bloque sur la ligne de but.

– Excellent, applaudit Deschamps de la touche.

La France bat finalement les Pays-Bas 2-0.

Antoine ne met pas de but ni ne fait de passe décisive, mais il marque les esprits. Et après ? Il a soif de compétitions internationales, mais va devoir attendre encore deux mois. D'ici là, Deschamps a déjà donné son équipe pour la Coupe du monde 2014 et… Antoine en fait partie !

– Oui, crie-t-il, les poings serrés. Brésil, me voici !

Avant cela, toutefois, la France a trois matchs amicaux à disputer. S'il veut être la superstar de la Coupe du monde, Antoine va devoir passer la vitesse supérieure…

Contre la Norvège, Antoine ne brille pas par ses performances, et il faut attendre le match contre le Paraguay. Il ne reste plus que dix minutes à jouer quand la balle arrive sur Antoine, au bord d'une surface de réparation particulièrement encombrée.

C'est ta chance, se dit-il. *Ne la gaspille pas!*

Le temps semble s'arrêter tandis qu'Antoine contrôle et brosse ensuite la balle de sorte qu'elle parte en lob… et passe par-dessus toutes les têtes.

Buuuuuuuuuuuuuuuuuuuuuuuuuuuuuuuuuuu uuuuuuuuuuuuuuuuuuuuuut!!!

C'était vraiment spécial ! Antoine choisit sa célébration préférée pour son premier but international – une glissade à genoux démente.

– Allez, les Bleus ! rugit-il comme un lion.

Au cours du dernier match amical contre la Jamaïque, Antoine entre sur le terrain alors qu'il ne reste que vingt minutes à jouer, mais il arrive malgré tout à marquer deux buts, dont un d'une talonnade astucieuse ! Mais a-t-il suffisamment fait ses preuves pour être titulaire lors de la Coupe du monde ? Il va devoir attendre la décision du sélectionneur.

Antoine avait joué lors de la Coupe du monde des moins de vingt ans en Colombie, mais ce n'était rien comparé à cette fête internationale dans le meilleur endroit possible – le Brésil. Partout où se rendent les joueurs, il règne une atmosphère festive – sur les plages, dans les stades et dans les rues.

Bon, c'est le moment de se concentrer sur le foot, se dit Antoine.

Pour le premier match de la France contre le Honduras, Franck est au repos, ce qui signifie qu'Antoine va sur le terrain. Son rêve de Coupe du monde est vraiment en train de devenir réalité !

En première mi-temps, la France touche deux fois la barre transversale : d'abord Blaise Matuidi, puis Antoine d'une superbe tête.

– Nooon ! gémit-il.

Une occasion ratée de marquer un but lors de ses débuts en Coupe du monde ! À la place, c'est Karim qui devient le héros de la France.

Buuuuuuuuuuuuuuuuuuuuuuuuuuuuuuuuuuuuu uuuuuuuuuuuuuuuuuuuuut !!!

Au cours du second match de groupe contre la Suisse, Antoine est sur le banc, et c'est Olivier Giroud qui commence la partie. Impuissant, il observe ses coéquipiers marquer but après but : Olivier, puis Blaise, puis Mathieu, puis Karim, puis Moussa Sissoko. 5-0 !

Et moi ? se demande Antoine. *Je veux participer !*

Mais quand il entre finalement sur le terrain, la partie est déjà terminée. La France se débrouillerait-elle mieux sans lui ? Quand Antoine est aligné dans leur dernier match de groupe contre l'Équateur, ils font 0-0.

– Détends-toi un peu, Grizi, lui conseille son coéquipier Paul Pogba. Tu veux trop en faire !

Antoine est un garçon plutôt détendu, mais c'est de la Coupe du monde qu'on parle, là ! Les héros de 1998 et 2002 l'ont inspiré enfant, et maintenant, il suit le même chemin.

– Je me détendrai quand on aura remporté le trophée, répond-il.

Antoine retrouve le banc pour le match en huitième de finale contre le Nigéria. Mais alors qu'il ne reste que trente minutes à jouer, le match en est encore à 0-0. Deschamps regarde ses remplaçants et fait signe à Antoine.

– Prépare-toi, tu entres !

Dès le moment où il arrive sur le terrain, Antoine change la physionomie du match. Il se connecte brillamment avec Karim et Mathieu, faisant des passes rapides et des une-deux intelligents. Peut-être que la France ne se débrouille pas si bien sans lui, après tout. Ils se rapprochent, mais il leur faut encore marquer…

Un corner passe loin au-dessus de la tête d'Antoine, mais Paul est là au second poteau. *1-0!*

– Enfin ! crient avec soulagement les joueurs français.

Plus tard, Antoine a l'occasion de doubler la mise. Il dribble le long de l'aile gauche et tire du bord de la surface, mais le gardien nigérian, réussit un arrêt excellent.

– Nooon ! gémit Antoine en se prenant à nouveau la tête dans les mains.

Antoine n'a vraiment pas eu de chance jusqu'ici. À la dernière minute, la France double son avance, et Antoine y est pour quelque chose. Sa course dans les six mètres fait paniquer le défenseur nigérian qui finit par marquer un but contre son camp.

– Je n'ai pas touché la balle, mais c'est tout de même MON but ! dit Antoine à Mathieu avec un sourire insolent.

Le but est attribué au défenseur, mais il aide Antoine à gagner sa place sur le terrain pour le quart de finale contre l'Allemagne. Il est ravi quand il voit la liste d'équipe de Deschamps, la même qu'à ses débuts trois mois plus tôt, Karim Benzema au centre, Mathieu Valbuena à droite, et Antoine à gauche.

– Allez, on va le gagner, ce match, scande leur capitaine Hugo Lloris.

Mais après treize minutes, la France est menée 1-0 suite à une tête magnifiquement placée de Hummels, le défenseur allemand ! La France compte sur ses trois avants pour revenir au score...

Antoine centre sur Mathieu, qui amortit la balle de la poitrine et envoie un tir féroce en direction du coin inférieur. Manuel Neuer plonge pour faire un super arrêt, mais Karim semble certain de pouvoir marquer sur le rebond. La France va-t-elle égaliser ? Non, car Mats Hummels s'interpose bravement pour bloquer son tir.

– Ne lâchez rien, on va y arriver, encourage Antoine en direction de ses coéquipiers, en partant tirer le corner.

Il y croit dur comme fer, mais malheureusement, la défense allemande aussi. La France ne parvient pas à passer Neuer, il est tout simplement le meilleur gardien du monde ! Au coup de sifflet final, ils sont éliminés.

Tous les joueurs français sont dévastés, mais plus particulièrement Antoine. Il déteste perdre, et en quart de finale de la Coupe du monde, c'est encore pire. Pleurant de dépit, il essuie ses larmes avec son maillot.

– Hé ! On a fait de notre mieux, tente de le consoler Paul, son ami. Ça n'a pas marché cette fois-ci, mais ce n'est que le début pour nous, Grizi. On va revenir encore plus grands et encore plus forts pour l'Euro 2016. Personne ne pourra nous arrêter !

Chapitre 18

DE NOUVELLES AVENTURES À L'ATLÉTICO

Antoine rentre en Espagne, mais cette fois-ci, il ne rejoint pas la Real Sociedad. À la place, il embarque pour une nouvelle aventure palpitante.

– Je suis arrivé ici enfant, et je repars en homme, déclare-t-il aux médias en juillet 2014. Je veux remercier le staff, les supporters et les joueurs pour ces dix dernières années incroyables.

La Real Sociedad a toujours eu foi en Antoine, même quand il était encore un ado maigrichon de treize ans. Il leur en sera toujours reconnaissant, et il s'est montré à la hauteur de leurs attentes. Au cours des cinq saisons en équipe première, le club s'est élevé de la

Deuxième Division espagnole à la Ligue des champions. Quelle évolution ! Mais aujourd'hui, l'heure est venue de se lancer un nouveau défi.

– Tu vas nous manquer, Grizi, crient les supporters.

– Que dirais-tu de rentrer en France ? l'interroge son agent. Monaco cherche une nouvelle superstar pour concurrencer le PSG. Ou peut-être préférerais-tu déménager en Angleterre ? Les plus grands clubs de Premier League font la queue pour te recruter : Manchester United, Arsenal, Tottenham, Chelsea.

– Non, je veux rester en Espagne pour l'instant, rétorque Antoine.

Il y a un club de Liga qui est en haut de sa liste – l'Atlético Madrid. Ils essaient d'attirer Antoine depuis 2011. À l'époque, ils voulaient qu'il remplace leur buteur star Sergio Agüero, qui venait de signer à Manchester City. Cet été-là, la Real Sociedad refusa de vendre Antoine, mais l'Atlético ne renonça pas.

Trois ans plus tard, ils sont de retour avec une offre beaucoup plus importante : 30 millions d'euros. C'est une proposition que le club ne peut refuser.

– OK, on signe le contrat, dit Antoine à son agent.

L'Atlético lui semble être le club idéal pour devenir une superstar. Sous la houlette de Diego Simeone, leur incroyable entraîneur argentin, le club vient d'obtenir le titre de champion d'Espagne devant Barcelone et le Real Madrid, et ils sont aussi arrivés en finale de la Ligue des champions.

– C'est mon rêve, s'exclame Antoine, tout excité.

L'équipe a une défense solide et des milieux de terrain qui travaillent dur, mais l'Atlético vient de perdre ses deux principaux buteurs – Diego Costa et David Villa. Qui va les remplacer ?

Simeone a déjà signé le Croate Mario Mandžukić, mais il veut aussi un attaquant avec de la vitesse et du talent, capable de créer des occasions et, marquer des buts.

L'entraîneur de l'Atlético s'est décidé : cet attaquant, ce sera Antoine. Il est capable de jouer de grands matchs, et il l'a prouvé avec cette reprise de volée acrobatique contre Lyon et ce joli ballon piqué contre Barcelone.

– Tu seras notre Messi, déclare Simeone confiant.

– Oui, j'adorerais ! répond Antoine.

C'est un rôle idéal pour lui. Il ne veut pas aller à Barcelone, et s'asseoir sur le banc derrière Messi, Neymar Jr et Luis Suárez. Antoine a maintenant vingt-trois ans et il est prêt à prendre des responsabilités.

Dès qu'il arrive à Madrid, Antoine est traité comme une star. Il est le gros transfert de l'été à l'Atlético, après tout. Simeone l'accueille avec un sourire et une poignée de mains ferme.

– C'est génial de t'avoir parmi nous, le félicite Simeone. J'espère que tu es prêt à remporter de nombreux trophées ?

– Comptez là-dessus, patron !

Les caméras de télé suivent Antoine lors de tous ses déplacements, y compris à la visite médicale. En s'assoyant sur la chaise du médecin, il lève le pouce joyeusement.

– Je suis très excité et heureux de rejoindre la famille de l'Atlético, déclare-t-il dans sa première interview pour le site web du club.

Antoine est impatient de jouer au foot, mais la nouvelle recrue doit d'abord être présentée aux supporters.

– Griezmann ! Griezmann ! Griezmann ! scandent six mille fans tandis qu'Antoine entre sur le terrain du stade Vicente-Calderón, avec l'équipement complet du club.

Quand il lève les bras pour les saluer, le bruit devient encore plus assourdissant. C'est une sensation incroyable.

Ça doit ressembler à ça d'être Messi! se dit-il.

Avec ses cheveux gominés en arrière et le numéro sept au dos de son maillot rayé rouge et blanc, Antoine a autant de style que son héros David Beckham. Mais a-t-il suffisamment de talent?

Bien sûr que oui! Après avoir longuement posé pour des photos, Antoine régale les fans de l'Atlético de quelques jongles. La pression? Il ne sait pas ce que c'est. Il a l'impression d'être sur le terrain de basket à Mâcon et d'exécuter sa routine complète : pied droit, pied gauche, genou droit, genou gauche, poitrine, tête, épaule droite, épaule gauche...

SELFIE!

Antoine lève son portable très haut pour avoir le maximum de fans avec lui sur la photo.

– À trois, tout le monde dit « Atlético », demande-t-il à la foule. Un, deux, trois...

ATLÉTICO!

Les fans adorent leur nouvelle superstar, mais Antoine sent qu'il doit encore faire ses preuves sur le terrain. En battant leur rival madrilène, le Real, en Coupe d'Espagne par exemple

Avant cela, Antoine doit travailler dur à l'entraînement. À l'Atlético, on attend de tous les joueurs qu'ils participent au repli défensif, même les attaquants. Alors Simeone s'assure que tous ses joueurs sont au top de leur forme. Ses séances sont beaucoup plus intenses que celles de la Real Sociedad, mais quand il s'agit de foot, Antoine apprend vite. Il écoute attentivement les consignes de son entraîneur et fait de son mieux pour l'impressionner.

– Parfait, le moment de la revanche est arrivé ! les encourage Simeone avant le coup d'envoi au stade Bernabéu.

Le Real les avait battus en finale de la Ligue des champions 2014, et les joueurs crient vengeance.

Quand Antoine fait son entrée sur le terrain en seconde mi-temps, le score est encore de 0-0.

Super ! pense-t-il en rejoignant son poste. *Je peux devenir le héros du club dès ce soir !*

Malheureusement, Antoine ne trouve pas de bonnes occasions de briller, mais Simeone le met tout de même sur le terrain pour le match retour au stade Vicente Calderon.

– On va gagner ce soir, dit Antoine à Mario, son partenaire en attaque, je le sens !

À la deuxième minute de jeu, Antoine saute pour une tête contre Sergio Ramos et dévie intelligemment la balle sur Mario, qui bat Casillas d'un tir puissant dans le coin inférieur.

Buuuuuuuuuuuuuuuuuuuuuuuuuuuuuuuuuuuu uuuuuuuuuuuuuuuuuuuuut !!!

1-0 pour l'Atlético !

Antoine est ravi de sa première passe décisive pour son nouveau club. Il court derrière Mario, lançant ses poings vers la foule.

– Je te l'avais dit ! hurle-t-il à l'oreille de son camarade.

Pendant les quatre-vingt-dix minutes suivantes, les joueurs travaillent très dur pour conserver leur avance.

Au coup de sifflet final, le super trophée de la Coupe d'Espagne est à eux. À peine recruté, Antoine vient déjà de gagner son premier titre avec l'Atlético.

– Le premier d'une longue série, crie-t-il joyeusement à ses nouveaux coéquipiers.

Chapitre 19

LE CHALLENGE DE LA LIGUE DES CHAMPIONS

L'Atlético joue contre l'Olympiakos, une équipe grecque, au premier tour de la Ligue des champions. Koke passe la balle à Juanfran puis sprinte le long de l'aile droite, appelant la passe en retour. Il peut voir Antoine sur l'aile gauche, qui indique la surface des six mètres. Il est sur le point d'entamer son accélération vers le but.

– Joue-la maintenant ! crie-t-il.

Le centre est parfait, tout comme la finition par Antoine d'un bel intérieur du pied.

Buuuuuuuuuuuuuuuuuuuuuuuuuuuuuuuuuuuuuuuuuuuuuuuuuuuuuuuuuuuuuut !!!

C'est le premier but d'Antoine pour l'Atlético et son premier en Ligue des champions également. Toutefois, pas le temps pour une célébration spéciale, car son équipe est menée 3-2.

– Bien joué, mon pote ! dit Antoine, en se tapant dans la main avec Koke avant de repartir à toute allure vers le rond central.

En dépit de cette défaite initiale, l'Atlético finit en tête de son groupe devant l'Olympiakos et la Juventus. À suivre : le Bayer Leverkusen en huitième de finale.

– On est assez bons pour les battre ! déclare Antoine.

En plus de ses deux buts en Ligue des champions, il a aussi marqué quatorze fois en Liga dont trois buts consécutifs contre l'Athletic Bilbao. Antoine est survolté ! Simeone ne le considère plus comme un ailier malin ; il le voit comme un buteur star avec des mouvements astucieux et un pied gauche fatal. Antoine ne cesse de s'améliorer dans son nouveau rôle et il a soif de davantage de buts et de gloire.

– Eh bien, si on ne les bat pas, tu vas vraiment avoir l'air stupide avec ta nouvelle coupe, plaisante Koke.

Hélas, l'Atlético perd 1-0 en Allemagne, mais comble son retard au retour, à Madrid. Le score étant de 1-1, le match se joue aux penaltys.

– Je veux en tirer un, demande Antoine à Simeone.

Son équipe a besoin de lui, et il ne va pas les laisser tomber.

Raúl García rate le premier tir, ce qui signifie qu'Antoine doit absolument marquer. Pression, quelle pression ? Après avoir pris un peu d'élan, il envoie son tir s'écraser en pleine lucarne.

– Grizi ! Grizi ! Grizi ! chantent les fans tandis qu'il retourne en trottinant vers le milieu de terrain pour rejoindre ses coéquipiers.

Mission accomplie !

Après la belle frappe d'Antoine, l'Atlético remporte les tirs au but. Ils accèdent aux quarts de finale de la Ligue des champions, où ils vont affronter… le Real Madrid !

– Oh non, pas encore eux ! se plaint Koke.

– On les a battus en Super Coupe, et on les a punis 4-0 en Liga le mois dernier, argumente Antoine. On peut le faire !

Pourquoi l'Atlético aurait-il peur de qui que ce soit ? Pour remporter la Ligue des champions, il leur faut battre les meilleures équipes d'Europe. Antoine est ravi à l'idée de ce nouveau défi.

Score final 0-0 au match aller à Vicente-Calderón, et 0-0 à cinq minutes de la fin dans le match retour au stade Bernabéu. Est-ce que l'Atlético se dirige vers une autre séance de tirs au but ?

Non, Cristiano Ronaldo dribble à travers leur défense et centre sur Javier Hernández, qui marque. 1-0 pour le Real Madrid.

– Nooon ! gémit Antoine sur le banc de l'Atlético. Il a déjà été remplacé, il ne peut plus rien faire pour aider son équipe. La Ligue des champions 2015 est terminée pour l'Atlético, et bientôt ils perdent également tout espoir de titre en Liga.

– Nous reviendrons l'année prochaine, promet Simeone, plus forts que jamais !

D'ici là, Antoine doit se contenter d'être le meilleur buteur de l'Atlético et l'un des meilleurs attaquants d'Espagne. Aux Liga Awards, « l'Équipe de la saison » comprend une triplette d'attaquants : Ronaldo, Messi et… Antoine !

– Félicitations, l'applaudissent ses coéquipiers, t'es une vraie superstar à présent !

À ce moment précis, Antoine sait qu'il a fait le bon choix en rejoignant l'Atlético. Avec le soutien de son incroyable entraîneur et de ses coéquipiers, il s'améliore sans cesse. Et après une belle première saison, il est temps pour lui de passer à l'étape supérieure et d'emmener son équipe en finale de la Ligue des champions…

Antoine marque quatre buts en six matchs, et l'Atlético finit à nouveau en tête de son groupe. Et une fois de plus, ils gagnent par tirs au but, en huitième de finale. Cette fois, Antoine tire le premier penalty et envoie le gardien du PSV plonger du mauvais côté.

– Grizi ! Grizi ! Grizi ! chantent les fans tandis qu'il trottine vers le milieu de terrain pour rejoindre ses coéquipiers.

Mission accomplie !

L'Atlético accède aux quarts de finale de la Ligue des champions, où ils vont affronter… Barcelone.

– Pourquoi a-t-on toujours les pires tirages au sort ? se plaint Koke.

– Vous les avez battus en quarts de finale en 2014, argumente Antoine. C'était avant mon arrivée, et à présent, on est encore meilleurs !

L'Atlético perd le match aller au Nou Camp, mais au moins la légende, Fernando Torres, marque un but. Cela leur donne de l'espoir pour le match retour à Vicente-Calderón.

En attendant le coup d'envoi, Antoine prend une profonde inspiration et se concentre sur le match à venir. L'Atlético doit profiter au maximum de l'avantage d'évoluer à domicile. Dans les gradins, leurs fans ne cessent de chanter, et cette clameur qui s'élève des tribunes va les guider vers la victoire.

– Allez, on y va, applaudit-il.

Fernando est suspendu, ce qui fait d'Antoine le principal buteur de l'Atlético. Il est constamment en mouvement, cherchant à échapper aux défenseurs barcelonais.

Joue-la maintenant! se dit-il.

Alors que le centre arrive de la gauche, Antoine est dans un espace libre aux abords de la surface de réparation. Il frappe la balle de la tête, mais le gardien fait un arrêt facile.

Trop facile! Ça demandait bien plus de puissance, se désole Antoine.

Il s'en veut, mais son entraîneur l'encourage :

– Belle course, Grizi – continue!

Depuis l'aile droite, Saul expédie un autre centre dangereux dans la surface. Antoine est en position parfaite entre les défenseurs de Barcelone. Il saute en l'air et propulse la balle bien plus puissamment, cette fois.

Buuuuuuuuuuuuuuuuuuuuuuuuuuuuuuuuuuuu uuuuuuuuuuuuuuuuuuuuuut!!!

Antoine est si excité qu'il a l'impression que sa poitrine va exploser. C'est de loin l'un des buts les plus importants qu'il ait jamais marqués.

– Oui! rugit Saúl, en serrant Antoine dans ses bras.

– T'es une vraie star! hurle Koke après qu'ils ont célébré ensemble leur but d'une poignée de main.

Est-ce que Barcelone va revenir au score? La MSN (Messi, Suárez et Neymar) multiplie les attaques, mais la défense de l'Atlético tient bon. Au final, c'est Antoine qui marque le seul autre but de la partie, sur penalty. Il avance vers la marque et expédie son tir dans le petit filet.

Buuuuuuuuuuuuuuuuuuuuuuuuuuuuuuuuuuuuuuuuu uuuuuuuuuuuuuuuuuuuuuuuut !!!

2-0 pour l'Atlético ! Grâce à Antoine, ils sont en demi-finale de la Ligue des champions. Au coup de sifflet final, les joueurs bondissent de joie devant les fans. Quelle nuit ! Antoine n'a jamais été aussi heureux de toute sa vie. L'Atlético n'est plus qu'à deux matchs de la finale. Tout ce qu'ils ont à faire, c'est gagner contre le Bayern de Munich de Pep Guardiola.

– On est assez bons pour battre n'importe qui, déclare Antoine, confiant.

Un but magique de Saúl suffit à remporter le match aller, mais en Allemagne, le Bayern est quasiment imbattable. Ils marquent les premiers, mais l'Atlético n'abandonne jamais. Tout ce qu'il leur faut, c'est un but de différence…

Au début de la seconde mi-temps, Antoine envoie la balle à Fernando et puis ZOOM ! Il sprinte, dépassant les défenseurs du Bayern pour le une-deux. Quelle chance ! Il est en un contre un avec leur gardien, Manuel Neuer. S'il marque, l'Atlético sera à quarante minutes d'une place en finale de la Ligue des champions. S'il rate son coup, les fans le détesteront à jamais.

Pression, quelle pression ? Antoine conserve son sang-froid et place son ballon à la perfection.

Buuuuuuuuuuuuuuuuuuuuuuuuuuuuuuuuuuuuuuuuuuuuuuuuuuuuuuuuuut !!!

Il l'a fait ; il est le héros de l'Atlético. C'est lui qui a mené son équipe en finale de la Ligue des champions. Antoine se tient devant les fans et entame sa nouvelle célébration « Hotline Bling ». Mais avant qu'il n'ait le temps de finir, ses coéquipiers le soulèvent dans les airs.

– Oui, Grizi !

– Mais quelle superstar !

Antoine est impatient de jouer la finale de la Ligue des champions 2016, qui sera une répétition de celle de 2014 : l'Atlético contre le Real Madrid. L'Atlético avait perdu cette fois-là, mais depuis, ils ont signé une superstar de classe mondiale : Antoine. Ses buts leur ont permis de battre le Barcelone de Messi, alors pourquoi pas le Real de Ronaldo ?

En entrant sur le terrain du stade San Siro, Antoine semble aussi détendu qu'à son habitude. Il dépasse le trophée étincelant sans le regarder et sourit à chacun de ses adversaires en leur serrant la main. Pourquoi ne serait-il pas content? Antoine joue sa première finale importante. Il n'est plus qu'à une victoire du lever de trophée de la Ligue des champions.

– Profites-en, c'est à ton tour de briller! le soutient son entourage.

Malheureusement, le premier but de la finale va au Real, et c'est Sergio Ramos qui le marque.

Pas encore! pensent les joueurs de l'Atlético, mais ils n'abandonnent pas et continuent à jouer. Il reste beaucoup de temps pour marquer.

Antoine, par contre, semble pressé de revenir au score. Il prend tir après tir, de tous les angles. Certains volent par-dessus, d'autres fusent trop loin, et certains sont arrêtés par le gardien, mais pas un seul ne rentre.

– Prends ton temps, l'exhorte Simeone à la mi-temps.

La situation s'améliore au cours de la seconde mi-temps. Sur une passe en profondeur d'Antoine, Pepe tacle et commet une faute sur Fernando.

– Penalty ! crie Antoine.

Quelle belle occasion pour Antoine et l'Atlético ! Il pose la balle à terre et fait quelques pas en arrière.

C'est rien, se dit-il. *Tire comme à l'entraînement !*

Mais Antoine est surexcité. Sa frappe, un peu trop forte et un peu trop haute, s'écrase sur la barre transversale.

MANQUÉ !

Antoine en est malade. Il a laissé tomber le club dans un moment critique. Toutefois, il n'a pas le temps de ressasser cette erreur. Ce penalty va le hanter dans les semaines suivantes, mais pour l'instant, l'Atlético est encore en course. Et la seule façon de se rattraper vis-à-vis de ses coéquipiers, c'est de se créer des occasions…

Alors qu'il ne reste que dix minutes, Yannick Carrasco se faufile pour marquer au second poteau. 1-1 ! Antoine est si soulagé qu'il court remercier son coéquipier.

– Oui, Yannick ! le félicite-t-il. T'as assuré !

En fin de compte, la finale de la Ligue des champions se prolonge par des tirs au but. Est-ce qu'Antoine est assez courageux pour en tirer un autre après son échec précédent ?

Évidemment ! Son équipe a besoin de lui, et il ne veut plus jamais les décevoir. Antoine tire en premier et prend tranquillement le gardien à contrepied.

– Allez ! rugit-il. On peut le gagner !

Mais les espoirs de l'Atlético diminuent rapidement quand le penalty de Juanfran heurte le poteau. Au tour de Ronaldo, qui s'avance… et marque ! Le Real a gagné.

Quel coup terrible ! C'est un moment déchirant pour Antoine et ses coéquipiers. Ils restent étalés dans l'herbe, sous le choc.

Après cent vingt minutes de foot et de penaltys à se ronger les ongles, ils sont épuisés. Que reste-t-il à dire ? L'Atlético perd en finale de la Ligue des champions. Une fois de plus…

Simeone s'adresse à chacun de ses joueurs et tente de leur remonter le moral.

– Ne sois pas trop dur avec toi-même, conseille-t-il à Antoine, enserrant son épaule d'un bras rassurant. Nous gagnons en équipe et nous perdons en équipe. Tu as été brillant toute la saison, Grizi. Tu es à présent l'un des meilleurs joueurs au monde. Je sais que ça fait mal, mais utilise cette douleur pour nous ramener ici l'année prochaine ! Tu es une star, NOTRE star !

Chapitre 20

L'EURO 2016

Dans l'intervalle, Antoine peut-il profiter de cet échec en finale de la Ligue des champions pour mener la France au plus haut niveau mondial ? Sa nation compte sur lui, en tant que pays organisateur de l'Euro 2016. Lors du précédent tournoi international tenu en France en 1998, Zidane et compagnie avaient remporté la Coupe du monde.

– Zéro pression, alors ! plaisante Paul, en essayant de remonter le moral d'Antoine.

Ils sont les leaders d'une équipe française totalement renouvelée. En attaque, il n'y a ni Karim Benzema, ni Mathieu Valbuena, ni Franck Ribéry. Olivier Giroud sera le buteur principal, avec Dimitri Payet sur une aile, Antoine sur l'autre, et Paul surgissant du milieu de terrain.

Pour Antoine, l'attente est insoutenable. Il a montré avec l'Atlético qu'il était l'un des meilleurs joueurs au monde, avec Messi et Ronaldo. Il est temps de le prouver aussi avec l'équipe de France, devant la foule immense qui ne manquera pas de remplir les gradins : au Stade de France à Paris, au stade Vélodrome à Marseille, et peut-être même au nouveau Parc Olympique de Lyon, à moins de cinquante kilomètres de Mâcon, où Antoine a grandi.

– Grizi, il va falloir terminer premier du groupe si tu veux jouer là-bas, dit Paul en examinant la liste des rencontres.

Une fois, après l'entraînement, Antoine et Paul improvisent un spectacle pour la foule. Ils se passent la balle l'un l'autre en utilisant leurs meilleurs tours.

– C'est ça, qu'on veut, Grizi !

Le temps que le tournoi démarre, l'esprit compétitif d'Antoine est de retour, et il retrouve le sourire. Il est impatient de représenter la France et de faire la fierté des supporters. Face à la Roumanie, devant soixante-quinze mille fans, Olivier Giroud fait rouler la balle vers

Antoine, qui la passe à N'Golo Kanté. L'Euro 2016 est officiellement lancé !

Avec la Roumanie, qui joue à fond la carte de la défense, la France se crée beaucoup d'occasions. Sur un centre de Dimitri Payet, Olivier Giroud met une tête qui passe à côté, puis Antoine, sans le vouloir, car il est quasiment à bout portant, met à son tour une tête qui rebondit contre le poteau.

– Mais comment ai-je pu rater ça ? hurle-t-il, fou de rage.

C'est une autre occasion ratée, et un autre jour décevant pour Antoine. Dès que la France mène à la marque, Deschamps décide de le sortir du terrain.

– Ne t'inquiète pas, nous avons plein d'autres matchs qui nous attendent, lui explique son entraîneur.

Pour le second match contre l'Albanie, toutefois, Deschamps laisse Antoine sur le banc des remplaçants. Il doit s'asseoir là en silence tandis que la France échoue à marquer, encore et encore. Il s'impatiente sur le bord du terrain, frustré de ne pas aider ses camarades alors qu'il pense pouvoir être décisif.

Laissez-moi y aller! a-t-il envie de crier. Mais il reste silencieux et attend son tour.

Quand Antoine fonce enfin sur le terrain, c'est quasiment la fin du match. Un match nul 0-0 serait un désastre. Il faut absolument qu'il marque.

Dans la surface de réparation, Antoine n'arrête pas de bouger. À peine se trouve-t-il au premier poteau que l'instant d'après il est posté au second. Les défenseurs albanais font de leur mieux pour le marquer, mais c'est impossible ! Quand Adil Rami centre la balle dans la surface à quelques secondes de la fin du temps réglementaire, Antoine est dans la position parfaite – entre les deux défenseurs. Il dévie le ballon de la tête dans le coin inférieur.

Buuuuuuuuuuuuuuuuuuuuuuuuuuuuuuuuuuuuu uuuuuuuuuuuuuuuuuuuuut!!!

C'est la première fois qu'Antoine ressent en même temps de la passion, de la fierté, de la frustration, du soulagement et de la joie.

– Allez ! rugit-il, tandis que ses coéquipiers viennent l'entourer.

C'est bon d'être enfin un héros, de sauver la mise alors qu'il a débuté le match sur le banc des remplaçants.

Antoine est plein de confiance en lui ! C'est à ce moment qu'il devient la star de l'Euro 2016.

En huitième de finale, Antoine envoie une tête puissante qui trompe le gardien de la République d'Irlande, puis ajoute un second but avec son pied gauche fatal.

Buuuuuuuuuuuuuuuuuuuuuuuuuuuuuuuuuuuu uuuuuuuuuuuuuuuuuuuuuut !!!

– T'es en feu, Grizi ! lui crie Dimitri après avoir embrassé son pied magique.

En quart de finale contre l'Islande, Antoine fait deux passes décisives à Paul et Dimitri, puis il marque également un but avec un petit lob insolent.

Buuuuuuuuuuuuuuuuuuuuuuuuuuuuuuuuuuuu uuuuuuuuuuuuuuuuuuuuuut !!!

Un énorme sourire sur le visage, il fait une célébration démente ! Il glisse sur le ventre jusqu'au poteau de corner. Les fans sont en délire, ils l'admirent tellement, c'est le nouveau chouchou des Français !

Juste après, cependant, arrive la demi-finale contre l'Allemagne – non seulement les favoris du tournoi, mais aussi l'équipe qui avait éliminé la France lors de la Coupe du monde 2014. Plus que jamais, les Bleus vont avoir besoin d'Antoine…

Durant la dernière minute de la première mi-temps, l'arbitre accorde un penalty à la France. Quelle belle occasion de prendre la tête du tournoi ! Mais Antoine est-il assez courageux pour le tirer après son échec lors de la finale de la Ligue des champions ? Évidemment ! Il ne doute pas une seconde. Son équipe a besoin de lui, et il ne va pas les laisser tomber. Tandis qu'il pose calmement la balle sur la marque, les Français retiennent leur souffle.

Pression, quelle pression ? Manuel Neuer plonge à gauche et Antoine, le prenant à contrepied, place tranquillement le ballon à droite.

Buuuuuuuuuuuuuuuuuuuuuuuuuuuuuuuuuuuuuuuuuuuuuuuuuuuuuuuuuuut !!!

Antoine n'arrête pas de marquer. En deuxième mi-temps, il est rapide comme l'éclair pour placer la balle entre les jambes de Neuer avec la semelle de sa chaussure. Il fait le break à lui tout seul.

2-0. Game over !

Après le coup de sifflet final, les joueurs français enchaînent les célébrations devant leurs supporters. Ils ont battu les champions du monde, l'Allemagne, et ils sont désormais en finale de l'Euro 2016 !

Allez, les Bleus ! Allez, les Bleus ! Allez, les Bleus !

Même si cela a été un vrai travail d'équipe, Antoine est désormais le leader de l'équipe de France. Avec six buts, il est le meilleur buteur du tournoi. Il est un héros pour tous les supporters français et il a aussi un surnom cool.

« Zizou » avait remporté la Coupe du monde pour la France en 1998, et dix-huit ans plus tard, « Grizou » s'apprête à remporter l'Euro 2016 pour la France.

– Alors, pas de pression, Grizou ! plaisante Paul.

En finale de l'Euro 2016, c'est France-Portugal, le pays où les grands-parents d'Antoine ont grandi. C'est aussi un duel de superstars – Antoine contre Cristiano Ronaldo. Les deux joueurs ne sont qu'à un match de réaliser leur rêve de gloire internationale.

Le grand jour de Ronaldo ne dure que vingt-cinq minutes. Il sort du terrain en clopinant et en larmes avec une vilaine blessure au genou. Le Portugal a perdu son leader. Forcément, cela fait place nette à Antoine pour remporter l'Euro pour la France.

Pourtant, en première mi-temps, il ne se procure quasiment aucune occasion.

– Allez, Grizou ! crie Patrice Évra à la mi-temps. On a besoin de toi !

Antoine est déterminé à faire mieux en seconde mi-temps. Il passe en dribblant et tire du côté gauche de la surface, mais Rui Patrício fait un arrêt facile.

– Pas de chance, continue ! l'encourage Paul.

Alors qu'il reste encore trente minutes à jouer, Antoine se faufile habilement entre les défenseurs portugais, pour reprendre le centre de Kingsley Coman. C'est le moment que toute la France attend.

Antoine saute et s'impose de la tête, mais la balle siffle juste au-dessus de la transversale. Mais quoi ? Comment ? Les fans ne peuvent pas y croire, et lui non plus.

– Nooon ! gémit Antoine, en se prenant la tête dans les mains. Comment ai-je pu le rater ?

Antoine a gaspillé une chance en or de remporter la finale. Il n'a plus qu'à espérer qu'une nouvelle occasion se présente avant qu'il ne soit trop tard.

Malheureusement, c'est le buteur remplaçant, Éder, qui marque dans le temps additionnel. En regardant la balle mourir au fond des filets, les épaules d'Antoine s'affaissent.

Est-il sur le point de perdre une autre finale importante ? Oui, le coup de sifflet final retentit et les Portugais l'emportent.

Antoine était si près de réaliser son rêve. Si près et pourtant si loin. Cette fois-ci, il ne pleure pas, comme lors de la défaite face à l'Allemagne à la Coupe du monde 2014. Il est plus âgé maintenant, et plus expérimenté. S'il veut devenir la superstar de l'équipe de France, il doit se montrer fort auprès de ses partenaires.

– Cette fois-ci, on a joué et on a perdu, les réconforte-t-il. Mais la prochaine fois, on gagnera, c'est sûr.

L'heure de la victoire va bientôt sonner. Les déceptions et les défaites ne font que renforcer la détermination d'Antoine. Il prendra sa revanche, c'est certain !

Chapitre 21

ENFIN L'HEURE DE LA VICTOIRE !

Même si la France a perdu en finale, l'Euro 2016 reste un moment important dans la carrière d'Antoine. « Grizi » est devenu « Grizou », un héros et une superstar internationale. Il a remporté les titres de meilleur joueur et meilleur buteur du tournoi et il est même arrivé en troisième place pour le ballon d'or. Dans le monde entier, il n'y a désormais que deux joueurs meilleurs que lui : Ronaldo et Messi.

– Et t'es beaucoup plus jeune que les deux, lui rappelle son frère Théo, tout fier.

Après des vacances relaxantes chez lui à Mâcon, Antoine rentre à Madrid, prêt à briller à nouveau. Hélas, la saison 2016-2017 se déroule comme la précédente.

L'Atlético est éliminé de la Coupe d'Espagne en demi-finale par le Barcelone de Messi, puis de la demi-finale de la Ligue des champions par le Real Madrid de Ronaldo, avant de finir troisième de la Liga derrière ces deux mêmes clubs.

– J'en ai marre de perdre face à ces deux-là, gémit Antoine. Il faut qu'on trouve le moyen de gagner quelque chose. N'importe quoi !

Antoine est le meilleur buteur de l'Atlético depuis maintenant trois saisons consécutives, mais il est clair qu'il a besoin de plus de soutien en attaque. Même les superstars ont besoin d'aide pour marquer des buts.

Le club a-t-il assez d'argent pour signer une deuxième superstar ? Dans le cas contraire, Antoine devra envisager d'autres options. Il n'ira pas chez les rivaux de l'Atlético, Barcelone ou le Real Madrid, mais Manchester United lui offre l'opportunité de jouer en Premier League, le championnat d'Angleterre, avec son ami Paul Pogba.

– Grizi, tu adorerais être ici, lui promet son ami.

C'est tentant, mais Antoine n'est pas encore prêt à abandonner l'Atlético. En plus, il adore l'Espagne. Il ne veut pas laisser tomber son club avant d'avoir gagné quelque chose. Il décide de rester une saison de plus, et s'ils ne remportent toujours pas de trophée, alors il se tournera vers un nouveau challenge.

Ses coéquipiers sont ravis.

– Super, ça va être ton année, annonce Saúl, confiant. Je le sens !

Seulement, en décembre 2017, leur saison tourne au désastre. L'Atlético est déjà loin derrière Barcelone en Liga, et ils sont aussi sortis de la Ligue des champions.

Alors, Simeone et ses joueurs passent au plan B : participer à la Ligue Europa, le deuxième tournoi le plus prestigieux après la Ligue des champions. L'Atlético l'a déjà gagnée deux fois auparavant, en 2010 et en 2012. Il est temps pour eux de gagner un troisième titre.

– Ce ne sera pas facile, les prévient leur capitaine, Gabi, mais c'est notre meilleure chance de remporter un trophée.

Antoine est prêt à briller en Ligue Europa, et il peut désormais compter sur un autre buteur à ses côtés : Diego Costa ! Celui-ci revient à l'Atlético après un passage couronné de succès à Chelsea.

– Je vous ai manqué ? plaisante-t-il le premier jour d'entraînement.

– Pas vraiment, dit Koke en souriant, mais Grizi et toi, vous êtes faits l'un pour l'autre.

Le surnom de Diego est « la Bête » parce qu'il est grand et fort, et parce que c'est une très mauvaise idée de le mettre en colère. Sa puissance, combinée avec le rythme et le talent d'Antoine, rendra l'Atlético meilleur que jamais.

Dès le début de leur campagne européenne, Antoine ne peut plus s'arrêter de marquer.

Il poursuit la passe en longueur de Yannick et fait un petit pont au gardien, tout en sang-froid.

Buuuuuuuuuuuuuuuuuuuuuuuuuuuuuuuuuuuuuuuuuuuuuuuuuuuuuuuuuuuuuut !!!

Atlético Madrid 5-1 Copenhague

Il cueille la balle au bord de la surface et trompe le gardien d'un lobe astucieux dans la lucarne.

Buuuuuuuuuuuuuuuuuuuuuuuuuuuuuuuuuuuuuuuuuuuuuuuuuuuuuuuuuuuuuut !!!

Atlético Madrid 8-1 Lokomotiv Moscou

Il bondit sur une erreur d'un défenseur et dribble jusque dans la surface de réparation.

Buuuuuuuuuuuuuuuuuuuuuuuuuuuuuuuuuuuuuuu uuuuuuuuuuuuuuuuuuuuuuut!!!

Atlético Madrid 2-1 Sporting de Lisbonne

Griezmann est vraiment au-dessus du lot, entend-on dire, mais Antoine ne les écoute pas. Il est totalement concentré sur son objectif : parvenir en finale de la Ligue Europa et surtout, la remporter ! C'est tout ce qui compte pour lui.

Toutefois, les matchs deviennent de plus en plus durs. En demi-finale, l'Atlético affronte Arsenal. Au match aller à Londres, le coéquipier d'Antoine en équipe de France, Alexandre Lacazette, ouvre le score pour les Gunners, mais l'Atlético ne renonce pas. Ils ont l'habitude de ces matchs au couperet, et ils connaissent l'importance de marquer un but à l'extérieur…

Antoine est à la réception d'un long ballon. D'un coup d'épaule, il écarte son autre coéquipier de l'équipe de France, Laurent Koscielny. Il est dans la surface de réparation, avec juste le gardien d'Arsenal à battre. Son premier tir est repoussé, mais il marque sur la reprise.

Buuuuuuuuuuuuuuuuuuuuuuuuuuuuuuuuuuuuuuu uuuuuuuuuuuuuuuuuuuuuuut!!!

Une frappe qui allait beaucoup compter pour la suite. Antoine se précipite vers les fans de l'Atlético et exécute sa danse *Fortnite*. Formant la lettre L sur son front, il sautille d'un pied sur l'autre. Puis il se tourne pour célébrer avec ses camarades.

– Allez ! rugit-il.

Le match retour est joué dans le stade flambant neuf Wanda Metropolitano de l'Atlético. L'atmosphère est électrique du début à la fin. Le club est à quatre-vingt-dix minutes d'une nouvelle grande finale européenne et les fans les poussent vers la victoire.

Atlético! Atlético! Atlético!

Juste avant la mi-temps, les deux buteurs superstars de l'Atlético combinent et marquent ensemble un but magnifique. Antoine reçoit la balle sur la droite et fait une passe parfaite dans la course de Diego Costa. Son tir puissant frôle légèrement le gardien avant de finir dans les filets.

Atlético Madrid 2-1 Arsenal

– Oui, Grizi, on l'a fait ! applaudit Diego.

C'est le but de la victoire – l'Atlético est en finale de la Ligue Europa. Pour Antoine, ce sera comme un retour aux sources. Il va jouer contre Marseille au Parc Olympique de Lyon. C'est le nouveau stade de l'OL – le club dont il a été le supporter enfant, et le club qui l'a rejeté.

– Maintenant, on doit gagner ! dit-il à ses coéquipiers.

L'heure est venue pour Antoine de briller comme une vraie superstar. Jusqu'ici, il a échoué dans ses deux grandes finales : la Ligue des champions 2016 avec l'Atlético, puis la finale de l'Euro 2016 avec la France. Mais à présent, Antoine est prêt à prouver qu'il peut être décisif dans les grands matchs.

Dès le coup d'envoi, Antoine est à l'affût et toujours en mouvement. Même si ce n'est qu'une demi-occasion, Antoine la saisit ! Après vingt minutes de jeu, le gardien marseillais tente une passe risquée à Zambo Anguissa, qui laisse la balle rebondir sur son pied. En un éclair, Gabi la transmet à Antoine, et cette fois, il ne la manque pas.

Buuuuuuuuuuuuuuuuuuuuuuuuuuuuuuuuuuuu uuuuuuuuuuuuuuuuuuuuut !!!

Un début de match parfait pour Antoine et l'Atlético. Après une rapide danse *Fortnite*, tout le monde se serre dans les bras.

– Par pitié, Grizi, peux-tu te trouver une nouvelle célébration de but? plaisante Gabi. Celle-là, c'est n'importe quoi!

– Pas question, c'est mon truc!

Juste après la mi-temps, Antoine « prend le L » à nouveau. Il passe à Koke, puis fonce droit devant pour le une-deux. Antoine dribble jusque dans la surface, puis, à la dernière seconde, soulève délicatement la balle pour lober le gardien qui était sorti au-devant de l'attaquant français.

Buuuuuuuuuuuuuuuuuuuuuuuuuuuuuuuuuuuuuuuuuuuuuuuuuuuuuuuuuuuut!!!

– Oui, Grizi! crie Koke, en lui faisant un check.

Deux buts en finale – quelle superstar, cet Antoine!

C'est bientôt la fin du match, et l'Atlético est le vainqueur de la Ligue Europa 2018. Au coup de sifflet final, les joueurs rient, dansent et chantent.

Campeones, campeones, olé! Olé! Olé!

Pour Antoine, c'est un triple trophée. Il est nommé homme du match et reçoit le prix du meilleur joueur du tournoi. Mais ce qui importe le plus, toutefois, c'est la coupe!

Après avoir reçu sa médaille de vainqueur, Antoine ne peut plus attendre. Il se penche et dépose un baiser rapide sur la coupe.

– Hé, je ne l'ai pas encore soulevée, le taquine Gabi.

– Désolé, capitaine !

Antoine est debout à côté de son partenaire en attaque, Diego Costa, tandis que Gabi se prépare à soulever le trophée, haut dans le ciel lyonnais. Un, deux, trois…

Hourraaaaa!

Atlético! Atlético! Atlético!

Chapitre 22

VAINQUEUR DE LA COUPE DU MONDE

Tandis que les joueurs de l'Atlético paradent avec le trophée de la Ligue Europa autour du terrain lyonnais, il ne reste plus qu'un mois avant la Coupe du monde 2018 en Russie.

Antoine compte les jours. De toute sa vie, il n'a jamais été aussi excité par un tournoi. La France était si proche de remporter l'Euro 2016, et deux ans plus tard, leur équipe est encore meilleure. Elle regorge de jeunes joueurs talentueux, et surtout parmi les attaquants. Thomas Lemar a vingt-deux ans, Ousmane Dembélé en a vingt et un, et Kylian Mbappé n'en a que dix-neuf.

– La vache ! Vous me faites me sentir tellement vieux, les gars ! plaisante-t-il.

– De quoi tu parles, Grizi ? lui répond Paul Pogba. T'as peut-être vingt-sept ans, mais tu te comportes comme un gamin de sept ans !

– Peu importe, la Pioche. T'es juste jaloux parce que ma célébration de buts est mieux que ton dab tout moisi ! rétorque Antoine.

Antoine et Paul sont des joueurs seniors à présent, et deux des leaders français sur le terrain et dans l'équipe. Avec leurs blagues et leurs selfies, ils s'assurent que les fans les soutiennent avant le grand événement.

– Une équipe heureuse est une équipe qui réussit, aime à répéter leur entraîneur, Didier Deschamps.

Les fans sont tout aussi excités par la Coupe du monde que par la présence des joueurs. Ils sont impatients de voir Kylian sprinter le long de l'aile, mais ils fondent tous leurs espoirs sur « Grizou ». Avec ses nombreuses coupes de cheveux, ses célébrations cool et ses buts victorieux, Antoine est le joueur le plus populaire de France.

– Bonne chance, Grizou ! crient les supporters tandis que l'équipe part pour la Russie. Ramène-nous la Coupe du monde à la maison !

C'est bien l'objectif d'Antoine. Il va mener la France jusqu'en finale, et cette fois-ci, ils ne vont pas la perdre.

– Allez, cette fois, on va jusqu'au bout ! dit-il à Paul.

Avec un mois de foot bien rempli devant elle, la France commence doucement. Au cours de leur premier match contre l'Australie, ils ne passent à la vitesse supérieure qu'en seconde mi-temps. Paul fait glisser une superbe passe jusqu'à Antoine, mais juste au moment où il rentre dans la surface, un défenseur lui fait un croche-pied.

– Penalty ! crie Antoine.

Au début, l'arbitre secoue la tête, mais après avoir vérifié sur la vidéo, il finit par indiquer la marque. Antoine y va et…

Buuuuuuuuuuuuuuuuuuuuuuuuuuuuuuuuuuuuuu uuuuuuuuuuuuuuuuuuuuuut !!!

Il se distingue déjà.

– Oui, Grizi, applaudit Ousmane en serrant Antoine dans ses bras.

L'Australie égalise, mais à seulement dix minutes de la fin, le tir de Paul heurte la transversale et passe la ligne de but.

2-1!

– Oui, la Pioche ! hurle Antoine, bondissant du banc des supporters. Quel soulagement !

La France n'abandonne jamais ; c'est ce qui fait d'elle une équipe si fabuleuse. Contre le Pérou, Antoine, Paul et Raphaël Varane ratent chacun leur tour de bonnes occasions de but. Mais ils ne paniquent pas. Paul récupère la balle en milieu de terrain et la passe à Olivier Giroud. Le ballon se dirige vers les buts, mais Kylian préfère s'en assurer.

1-0!

Kylian court droit vers les fans français pour exécuter sa célébration fétiche. Et Antoine, qui adore les célébrations, se place à côté de Kylian et imite son coéquipier. Il s'arrête net, croise les bras sur sa poitrine en ayant l'air le plus cool possible.

– Je préfère quand même ma danse *Fortnite*, dit Antoine avec le sourire.

Le but de Kylian suffit à envoyer la France en huitième de finale de la Coupe du monde. Jusqu'ici, tout va bien. Antoine a l'impression de tout juste s'échauffer.

– Je me réserve pour les grands matchs ! dit-il à Paul.

Le premier match important a lieu contre l'Argentine. Les Sud-Américains ne jouent pas à leur meilleur niveau, mais ils ont Messi, le meilleur joueur du monde, et deux super attaquants : Ángel Di María et Sergio Agüero.

– Ne les sous-estimez surtout pas, dit Deschamps aux joueurs français dans les vestiaires. Restez concentrés jusqu'au coup de sifflet final.

Antoine est déterminé à remporter la bataille des superstars. Quand Kylian obtient un coup franc, Antoine s'empare immédiatement de la balle.

– Celle-ci a mon nom dessus, dit-il, confiant, à Paul.

– Vas-y, Grizi !

Antoine frappe joliment la balle, qui décrit une courbe au-dessus du mur argentin avant de plonger vers la lucarne. Le gardien n'a même pas bougé, malheureusement la balle rebondit sur la transversale.

Si près!

Cinq minutes plus tard, Antoine a une nouvelle occasion de but. Kylian, débordant d'énergie, efface trois défenseurs, avant de subir une faute dans la surface.

Faute!

Antoine se présente et…

Buuuuuuuuuuuuuuuuuuuuuuuuuuuuuuuuuuuuuu uuuuuuuuuuuuuuuuuuuuut!!!

Tandis qu'Antoine court vers le point de corner, il fait déjà le signe du L au-dessus de sa tête. Les fans dans le stade copient sa danse *Fortnite,* mais Kylian refuse.

– Pas question que je me ridiculise, mec !

Antoine continue à travailler dur pour son équipe, de part et d'autre du terrain. Il vient même défendre sur Messi dans sa propre surface de réparation. Les supporters français scandent le surnom de leur héros :

– Grizou ! Grizou ! Grizou !

Kylian lui vole pourtant la vedette en marquant deux superbes buts, qui assurent la victoire à la France en seconde mi-temps.

– Kiki, quel final ! crie Antoine.

Il n'est pas du tout jaloux. Gagner, c'est un travail d'équipe, et la France a la chance d'avoir une équipe pleine de superstars.

Alors, qui sera leur héros, en quart de finale de la Coupe du monde contre l'Uruguay ? L'attaque française affronte la défense la plus solide du tournoi, Diego Godín et José Giménez. Antoine les connaît très bien, car tous deux ont joué avec lui à l'Atlético Madrid. Ils sont comme sa famille, et l'Uruguay est un pays qu'il adore. Mais cette fois-ci, personne ne se mettra en travers de son chemin !

– Croyez-moi, on va devoir être au top de notre jeu pour les battre, dit Antoine à Kylian et Olivier avant le coup d'envoi.

À l'approche de la mi-temps, le score est toujours de 0-0. La France obtient un coup franc à droite et Antoine se prépare à le tirer. Il feinte, prétendant frapper la balle directement, et puis BANG ! Tout le pays retient son souffle tandis qu'elle suit un arc magnifique, pile dans la surface. Raphaël se précipite à la réception, et catapulte la balle d'une tête dans le coin inférieur.

1-0!

Allez, les Bleus!

Antoine lève son poing en l'air avec passion. Il est à l'origine du premier but de son équipe et il s'apprête à en marquer un, lui aussi.

Quand il reçoit la balle sur l'aile gauche, Antoine lève la tête à la recherche d'un partenaire pour réceptionner son super centre. Mais il ne voit que Kylian, loin au second poteau… Soudain, Antoine a une idée : si tout le monde s'attend à un centre, pourquoi ne pas les surprendre avec un tir ?

BANG ! Il frappe de toutes ses forces. La balle file et passe directement à travers les gants du gardien uruguayen.

Buuuuuuuuuuuuuuuuuuuuuuuuuuuuuuuuuuu uuuuuuuuuuuuuuuuuuuuut !!!

Un autre but décisif dans un grand match pour Grizou ! Cette fois, Antoine ne célèbre pas avec sa danse habituelle. Il se dit que ça ne serait pas juste envers ses coéquipiers uruguayens, Diego et José. Mais à l'intérieur de lui, l'adrénaline bouillonne parce que la France est en demi-finale.

Tandis que l'équipe se prépare pour le match suivant, Antoine s'entraîne sur les coups de pied arrêtés. Ces phases de jeu sont vraiment devenues une arme importante en Coupe du monde. L'Angleterre, par exemple, marque de nombreux buts de la tête, grâce aux excellents centres de Kieran Trippier, « le nouveau

Beckham », mais ce serait plutôt le pseudonyme d'Antoine, ça. Son centre a déjà permis à Raphaël de marquer contre l'Uruguay. Peut-il être à l'origine d'un nouveau but en demi-finale contre la Belgique ?

C'est un match serré entre deux équipes brillantes. La Belgique a le talent d'Eden Hazard, la force de Romelu Lukaku et la vision de Kevin De Bruyne, sans parler de Thibaut Courtois, leur gardien aux réflexes incroyables. La France, de son côté, a la vitesse de Kylian, la puissance de Paul et le pied gauche magique d'Antoine.

Au tout début de la deuxième mi-temps, Antoine frappe un corner bien travaillé que Samuel Umtiti reprend. 1-0 pour la France !

Le défenseur central fait sa propre danse de célébration, et cette fois, tout le monde se joint à lui : Antoine, Paul, Raphaël, même Kylian.

– On y est presque, les gars, crie leur capitaine Hugo du fond de ses buts. Pas de fautes stupides, OK ? Restez concentrés !

La France défend magnifiquement. Antoine court sans cesse, taclant en milieu de terrain puis menant son équipe en contre. Même s'ils ne marquent pas de second but, ils n'en encaissent pas non plus.

Au coup de sifflet final, Antoine tombe à genoux sur le terrain et lève ses poings vers le ciel :

– Oui ! crie-t-il joyeusement. On l'a fait – on est en finale de la Coupe du monde.

Le grand jour arrive rapidement – la France contre la Croatie de Luka Modrić. Il y a 78 000 fans dans le stade, et des millions à la maison. Antoine pense à sa famille, à ses amis, et à son deuxième père, le dénicheur de talents de la Real Sociedad, Éric Olhats. Il veut gagner la Coupe du monde pour eux, et il n'aura peut-être pas de seconde chance.

À la dix-septième minute, Antoine obtient un coup franc en bonne position pour la France. Quelle chance ! Il brosse un nouveau ballon dans les six mètres. Raphaël se lance trop tard et saute pour le reprendre de la tête. Il ne réussit pas, mais la balle rebondit à la place sur la tête de l'ancien coéquipier de l'Atlético Mario Mandžukić.

But contre son camp.

1-0 pour la France !

– Oui, oui, OUI ! rugit Antoine en glissant à genoux sur l'herbe.

C'est une autre passe décisive à ajouter à sa collection. Ils sont en route pour la victoire.

Vingt minutes plus tard, une nouvelle occasion se présente à lui d'ajouter un but à sa passe décisive. Quand la France obtient un penalty, Antoine se présente devant la marque. C'est devenu sa spécialité, mais la pression est énorme… Toute la nation est derrière lui. Il s'élance et…

Buuuuuuuuuuuuuuuuuuuuuuuuuuuuuuuuuuuuu uuuuuuuuuuuuuuuuuuuuuut !!!

Il a retenu la leçon lors de lafameuse finale de Ligue des champions ; il ne doit jamais perdre son sang-froid. Antoine est M. Calme et M. Confiance en soi. À la moitié de la seconde période, il fait quelques jongles dans la surface comme quand il était à Mâcon et renvoie la balle à Paul. Ce dernier voit son tir du droit bloqué, alors il récidive du gauche.

Buuuuuuuuuuuuuuuuuuuuuuuuuuuuuuuuuuuuu uuuuuuuuuuuuuuuuuuuuuut !!!

3-1 !

– Oui, la Pioche ! applaudit Antoine.

C'est sûrement la fin du match, ça, non ? Juste au cas où la Croatie planifierait un fabuleux come-back, Kylian s'assure du contraire avec une frappe magique à longue portée.

4-1!

– Oui, Kiki ! hurle Antoine.

Enfin, le coup de sifflet final retentit, et la France remporte la Coupe du monde 2018 !

– On l'a fait ! hurle Antoine, serrant son meilleur ami, Paul, dans ses bras. On est des héros à présent !

Il a marqué un doublé en finale, comme son idole et la légende française.

« Grizou » a remplacé « Zizou » !

Antoine est sûr que son sourire restera à tout jamais gravé sur son visage. Le petit gamin fou de foot de Mâcon a travaillé si dur pour arriver à un tel niveau et vivre ce moment. Il n'a jamais abandonné – même quand tous s'accordaient à dire qu'il était trop petit pour être une star, ou qu'il ne pourrait jamais remporter un trophée si important.

Et à présent, il est parvenu au sommet du football mondial ! Il a pris sa revanche envers toutes les personnes qui l'ont rejeté ou qui ne croyaient pas en lui ! Son rêve ultime est devenu réalité. Il a non seulement remporté la Coupe du monde, mais il est aussi devenu l'homme du match de la finale, avec un but et deux passes décisives. Il a mené la France en finale, et pour cela, il mérite sa place parmi les légendes du foot ! Faites place Messi et Ronaldo, Antoine est désormais le meilleur joueur au monde !

Tourne la page pour découvrir
un extrait exclusif d'une autre histoire
de footballeur fascinante,
racontée par Matt et Tom Oldfield...

CRISTIANO RONALDO

Chapitre 1

TRIOMPHE EUROPÉEN

Cristiano a déjà remporté tant de trophées au cours de sa carrière : une Liga, deux Coupes d'Espagne, trois Coupes d'Angleterre, trois Premier League, trois Ligue des champions, sans compter ses trois ballons d'or ! Pourtant, il a toujours l'impression que ce n'est pas assez… Ce qui manque à son palmarès, c'est une victoire sur la scène internationale avec l'équipe du Portugal.

Le 10 juillet 2016, il n'est plus qu'à quatre-vingt-dix minutes de réaliser ce rêve. Grâce à son assurance inébranlable et à ses innombrables buts, Cristiano a mené son équipe de victoire en victoire, jusqu'à la finale de l'Euro 2016. Ce soir, c'est au Stade de France que le Portugal va affronter les Bleus sur leur propre terrain et se mesurer à des joueurs exceptionnels, tels Paul Pogba, Kylian Mbappé et Antoine Griezmann.

Rares étaient ceux qui croyaient les Portugais capables d'aller aussi loin dans la compétition, mais ils ont avec eux Cristiano – l'un des meilleurs joueurs au monde –, qui est plus que jamais déterminé à gagner.

Après le discours du coach, Fernando Santos, dans les vestiaires, il est temps pour les joueurs les plus expérimentés de prendre la parole. D'abord Nani, puis Cristiano :

– On a tellement bien joué jusque-là ! les félicite le capitaine. Plus qu'une victoire, et on entre dans l'histoire ! On va rentrer chez nous en héros !

Toute l'équipe lui répond par une ovation. Ensemble, ils pourraient bien devenir champions d'Europe.

Pendant l'hymne national portugais, Cristiano se tient debout, les yeux fermés. Il ne marmonne pas les paroles, non ; il les chante à tue-tête ! Il aime son pays du fond de son cœur, et il veut faire honneur à ses compatriotes sur le terrain.

Après sept minutes de jeu, Cristiano récupère la balle, quelques mètres au-delà de la ligne médiane, dans la moitié de terrain française. Alors qu'il se tourne pour se mettre face au but, Dimitri Payet le percute. Faute ! Le jeu continue, mais Cristiano, à terre, ne se relève pas. Il se tient le genou en hurlant de douleur.

Aïïïe !

La douleur le fait grimacer. Les soigneurs vaporisent un antiseptique sur la plaie et appliquent une poche de glace sur son genou. La blessure n'est pas jolie. Cristiano porte les mains à son visage pour dissimuler ses larmes.

Dimitri vient le voir pour s'excuser de son tacle maladroit, mais Cristiano est trop furieux pour répondre. Finalement, il parvient à se relever, et quitte le terrain en boitant. Sur la ligne de touche, il s'étire pour évaluer l'état de sa jambe. Il souffre, mais il ne veut pas laisser sa place.

– Tu es sûr ? s'inquiète João Mário en le voyant revenir sur le terrain.

– Il faut au moins que j'essaie ! insiste Cristiano.

Mais, une minute plus tard, il s'effondre à nouveau. Alors que son grand jour était enfin arrivé, Cristiano a tellement mal qu'il ne peut continuer. Il secoue la tête, incrédule après un tel coup du sort.

– Demande à sortir, lui glisse Nani à l'oreille en le serrant chaleureusement dans ses bras. Je te promets qu'on va te faire honneur, capitaine !

Pourtant, Cristiano n'est pas encore prêt à lâcher l'affaire. Dès que les médecins ont fini de lui bander le genou, il revient à la charge. Mais après quelques foulées, il doit se rendre à l'évidence : il ne peut plus jouer. Résigné, il fait signe aux remplaçants.

– Il faut que quelqu'un prenne ma place.

D'un geste, il arrache son brassard de capitaine, puis l'attache au bras de Nani.

– Il est à toi. Maintenant, gagne-nous cette finale !

– On va la gagner pour toi ! lui lance Pepe.

Tandis qu'on l'évacue sur un brancard, Cristiano ne peut rien faire d'autre que de pleurer toutes les larmes de son corps. Le match le plus important de sa vie est terminé pour lui, avant même d'avoir réellement commencé.

À la mi-temps, le score est de 0-0, et Cristiano attend ses camarades dans les vestiaires, pour les encourager.

– Ne vous dispersez pas et continuez de vous battre à fond ! leur recommande-t-il.

Tout au long de la seconde mi-temps, il les observe depuis le banc, en se rongeant les ongles jusqu'au sang. Dans son esprit, il s'imagine frapper tous les ballons de son équipe. À chaque fois que le Portugal est sur le point de marquer, il se lève, prêt à célébrer le but. Lorsque Éder, l'attaquant, est appelé pour remplacer Sanches, Cristiano le regarde droit dans les yeux et lui dit :

– Sois fort. C'est toi qui vas marquer le but décisif.

Pourtant, à la fin des quatre-vingt-dix minutes, le score est toujours vierge. Cristiano va voir ses camarades, épuisés, pour tenter de leur remonter le moral. C'est dur, pour lui, de ne pas pouvoir participer à cette finale, mais il compte bien apporter sa pierre à l'édifice.

À la cent neuvième minute, Éder récupère la balle, se débarrasse du défenseur français qui lui barrait la route, puis, d'un tir fulgurant, expédie le ballon dans l'angle inférieur de la cage adverse.

Buuuuuuuuuuuuuuuuuuuuuuuuuuuuuuuuuuuuu uuuuuuuut !!!

Cristiano est ivre de joie ; au milieu de l'équipe portugaise en pleine célébration, il lève les bras au ciel en sautant sur place. La victoire est si proche, à présent !

Pendant les dix dernières minutes, il se tient aux côtés de Santos, tel un deuxième entraîneur, et boitille le long de la ligne de touche en hurlant des instructions à ses coéquipiers : « Accélère ! », « Reviens en défense ! », « Calme le jeu ! ».

Lorsque le dernier coup de sifflet retentit, Ronaldo laisse échapper un cri de victoire tonitruant. Ses joues sont à nouveau baignées de larmes, mais celles-ci sont des larmes d'émotion. L'un après l'autre, il étreint ses camarades et les remercie chaleureusement.

– Merci *à toi* ! réplique Éder. Sans toi, je n'aurais jamais marqué ce but !

– Je t'avais bien dit qu'on y arriverait ! s'esclaffe Pepe.

Au comble du bonheur, Cristiano arrache son maillot et le lance dans la foule en délire. Il faut attendre qu'on lui en apporte un autre pour qu'il puisse accomplir son devoir de capitaine : soulever le trophée de l'Euro 2016 !

Il gravit lentement les marches des tribunes, en saluant au passage les fans et en claquant la paume de sa main contre les leurs. Le trophée qu'on lui remet est orné de rubans verts et rouges, les couleurs du drapeau portugais. Cristiano le soulève au-dessus de sa tête, sous les hourras de son équipe. Après avoir embrassé la coupe, il la passe aux autres. Aucun mot ne pourrait suffire à décrire la joie qui l'envahit à cet instant.

Car si c'est avec Manchester United et le Real Madrid qu'il a atteint le statut de superstar, Cristiano n'a pas oublié que son incroyable ascension jusqu'au sommet de la planète football a débuté au Portugal, sur l'île de Madère, d'où il est originaire. D'une certaine façon, cette victoire à l'Euro 2016 est une manière pour lui de remercier son pays pour toutes ces années de jeunesse, même si elles n'ont pas toujours été faciles.

Mais après tout, si sa vie avait commencé dans de meilleures conditions, peut-être Cristiano n'aurait-il pas eu cette insatiable soif de victoire. Et sans ce désir brûlant d'être le meilleur, peut-être son don particulier ne l'aurait-il jamais propulsé jusqu'à la gloire.

REMERCIEMENTS

Tout d'abord, je tiens à remercier les éditions John Blake Publishing – et mon éditeur James Hodgkinson en particulier – pour m'avoir donné l'opportunité de travailler sur ces ouvrages et de m'avoir soutenu tout au long de leur écriture. Rédiger des histoires à l'intention de la prochaine génération de fans de football a été à la fois un honneur et un plaisir.

Jamais je n'y serais arrivé sans mon frère, Tom, à qui je dois tant. Je lui suis incroyablement reconnaissant d'avoir toujours cru en mes capacités d'auteur. J'ai l'impression d'être Robin, qui commence une carrière solo après avoir travaillé en équipe avec Batman. Et quelle équipe !

J'espère lui faire honneur (à Tom, pas à Batman) avec cette nouvelle série de livres.

Je voudrais aussi remercier mes amis, dont la présence m'a aidé à ne pas devenir fou lors des longues heures passées rivé à mon ordinateur : Pang, Will, Mills, Doug, John, Charlie, c'était toujours un plaisir de vous recevoir lorsque vous passiez prendre un café et échanger quelques blagues.

Bien que j'aie déjà remercié mon frère, je pense qu'il est nécessaire de m'adresser au reste de notre famille. Merci à tous, en particulier à Melissa, à Noah et, bien sûr, à papa et à maman. C'est à mes parents que je dois mes plus grandes passions : le football et les livres. Ils resteront toujours une inspiration primordiale dans tout ce que j'accomplis.

Et puis, en fin de compte, je n'aurais rien pu faire de tout cela sans les encouragements et la patience d'Iona, pendant ces longs week-ends où je ne faisais que travailler. Je t'exprime tout mon amour.

TABLE DES MATIÈRES

Real Sociedad

- Deuxième Division : 2009-10

Atlético Madrid

- Supercoupe d'Espagne : 2014
- Ligue Europa de l'UEFA : 2017-18
- Supercoupe de l'UEFA : 2018

France

- Championnat d'Europe UEFA des moins de dix-neuf ans : 2010
- Coupe du monde FIFA : 2018

Individuel

- Équipe du tournoi du championnat d'Europe des moins de dix-neuf ans : 2010
- Onze d'or français : 2014-15
- Trophée UEFA de l'équipe de la Liga : 2015-16
- Joueur français de l'année : 2016
- Trophée UEFA du joueur du tournoi du championnat d'Europe : 2016
- Trophée UEFA du soulier d'or du championnat d'Europe : 2016
- Trophée UEFA de l'équipe de l'année : 2016
- Trophée UEFA du meilleur joueur de la Ligue Europa : 2017-18
- Trophée FIFA du meilleur passeur de la Coupe du monde : 2018
- Trophée FIFA du soulier d'argent de la Coupe du monde : 2018

GRIEZMANN

7

Nom : Antoine Griezmann

Date de naissance : 21 mars 1991

Âge : 28 ans

Lieu de naissance : Mâcon

Nationalité : française

Meilleur ami : Paul Pogba

Club actuel : Atlético Madrid

Position : buteur/ailier gauche

Taille (cm) :	**174**
Apparitions en club :	**443**
Buts en club :	**182**
Trophées en club :	**4**
Apparitions internationales :	**67**
Buts internationaux :	**26**
Trophées internationaux :	**2**
Ballons d'or :	**0**

★ ★ ★ **Score de superstar : 89** ★ ★ ★

LES PLUS GRANDS MOMENTS

Tu veux revivre les plus grands moments d'Antoine Griezmann, revoir ses plus belles actions? Cherche sur Internet des extraits vidéo de ces matchs : tu vas en prendre plein la vue!

20 AOÛT 2013
LYON 0-2 REAL SOCIEDAD

C'est le soir où Antoine passe pour la première fois de star à superstar. Après avoir aidé la Sociedad à finir quatrième de Liga, il la mène en phase de groupe de la Ligue des champions grâce à une victoire sur Lyon. De retour en France, face au club qui l'a rejeté lorsqu'il était adolescent, Antoine s'envole dans les airs pour marquer un retourné spectaculaire.

13 AVRIL 2016
ATLÉTICO MADRID 2-0 BARCELONE

Trois ans après cette reprise de volée acrobatique, Antoine permet à l'Atlético d'aller jusqu'en finale de la Ligue des champions. Ils finissent par perdre face au Real Madrid de Ronaldo, mais avant ça, ils l'emportent sur le Barça de Messi. Ce soir-là, Antoine est le héros du match, marquant les deux buts – une tête et un penalty.

7 JUILLET 2016
FRANCE 2-0 ALLEMAGNE

Après des débuts difficiles, Antoine devient la star de l'Euro 2016. Il marque le but de la victoire contre l'Albanie, deux buts contre la République d'Irlande, un but contre l'Islande, et enfin, il marque deux buts lors de la demi-finale contre l'Allemagne, championne du monde en titre. Ce ne sont pas les meilleurs buts d'Antoine, mais il a fait ses preuves au plus haut niveau.

16 MAI 2018, MARSEILLE 0-3 ATLÉTICO MADRID

Le bel été d'Antoine en 2018 commence avec la finale de la Ligue Europa. Il a déjà marqué quatre fois pendant le tournoi, et ajoute encore deux buts cette nuit-là, à Lyon. Après avoir perdu en finale de la Ligue des champions et face au Portugal lors de l'Euro 2016, Antoine montre au monde entier qu'il est un joueur de grands matchs. Et le meilleur reste à venir…

15 JUILLET 2018, FRANCE 4-2 CROATIE

Antoine vit une Coupe du monde 2018 de rêve, gardant sa meilleure performance pour la finale. Il est à l'origine du premier but de la France sur un fantastique coup franc flottant, marque le second but sur penalty, puis offre le troisième but à Paul Pogba. Antoine est l'homme du match et s'assure qu'il restera à jamais le héros de cette finale, une légende !

JOUE COMME TON HÉROS

LES TIRS DANGEREUX
À LA MANIÈRE D'ANTOINE GRIEZMANN

1 : Entraîne-toi, entraîne-toi, entraîne-toi !

2 : Quand ton équipe obtient un coup franc, prends la balle. C'est la tienne. Tous les autres peuvent reculer.

3 : Assure-toi d'envoyer tous les plus grands joueurs dans la surface. Plus on est de fous, plus on rit.

4 : Choisis ta cible. Vises-tu Pierre près du point de penalty, ou Simon dans la zone des six mètres ? Peu importe ton objectif, tu dois être précis.

5 : Pose tes mains sur les hanches en attendant. Une fois que l'arbitre siffle, recule de quelques pas, élance-toi vers la balle et là, BANG !

6 : Mets beaucoup de puissance et brosse ton centre. De cette manière, même la moindre déviation peut mener à un… BUT !

7 : Quand tu fais une passe décisive, tu te sens aussi bien que quand tu marques un but, voire mieux. J'espère que tu as une bonne danse de célébration !

ÉVALUE TES CONNAISSANCES

1. Nomme au moins deux des héros d'enfance d'Antoine.

2. Pour quel pays le grand-père d'Antoine voulait-il qu'il joue ?

3. Dans quelle équipe Antoine passait-il un test quand il fut découvert par Éric Olhats ?

4. Quel âge avait Antoine quand il déménagea de France en Espagne ?

5. Quel fut le premier trophée senior d'Antoine ?

6. Combien a payé l'Atlético Madrid pour signer Antoine en 2014 ?

7. Contre quelle équipe Antoine a-t-il marqué son premier but en Ligue des champions ?

8. Quel surnom lui ont donné ses fans français au cours de l'Euro 2016 ?

9. Quel trophée Antoine a-t-il remporté en mai 2018 avec l'Atlético Madrid ?

10. Comment s'appelle la célébration de but d'Antoine inspirée du jeu *Fortnite*?

11. Combien de buts Antoine a-t-il marqués lors de ses deux derniers tournois internationaux majeurs, l'Euro 2016 et la Coupe du monde 2018 ?

Réponses ci-dessous... Ne triche pas!

1. *N'importe lequel des suivants : David Beckham, Pavel Nedvěd, Zinedine Zidane et Thierry Henry.* **2.** *Portugal.* **3.** *Montpellier.* **4.** *Treize ans.* **5.** *Le titre de la Seconde Division espagnole avec la Real Sociedad.* **6.** *30 millions d'euros.* **7.** *Olympiakos.* **8.** *Grizou.* **9.** *La Ligue Europa.* **10.** Take the L. **11.** *10 (6 à l'Euro 2016 et 4 à la Coupe du monde 2018).*

Le traducteur tient à remercier Anton Gutknecht
pour sa relecture attentive et ses conseils techniques avisés.

Suivi éditorial et composition : Antartik
Impression : Black Print en août 2019
Éditions Albin Michel
22, rue Huyguens, 75014 Paris
www.albin-michel.fr
ISBN : 978-2-226-44390-8
N° d'édition : 23640/01
Dépôt légal : septembre 2019
Loi n° 49-956 du 16 juillet 1949
sur les publications destinées à la jeunesse.
Imprimé en Espagne